이경원의
수업의 탄생

이경원의 수업의 탄생
행복한 수업을 위한 교육 에세이(feat. 지혜와 성찰)

[행복한 교육®] 시리즈 No.01

지은이 | 이경원
발행인 | 김경아

2025년 11월 15일 1판 1쇄 인쇄
2025년 11월 22일 1판 1쇄 발행

이 책을 만든 사람들
북 디자인 | 김효정
출판 마케팅 | 김경아
교정 교열 | 이홍림
제목 | 구산책이름연구소

종이 및 인쇄 제작 파트너
JPC 정동수 대표, 천일문화사 유재상 실장

펴낸곳 | 행복한나무
출판등록 | 2007년 3월 7일, 제 2007-5호
주소 | 경기 이천시 대월면 사동로 176, 2층 202호
전화 | 02) 322-3856 팩스 | 02) 322-3857
홈페이지 | www.ihappytree.com | bit.ly/happytree2007
도서 문의(출판사 e-mail) | e21chope@daum.net
내용 문의(지은이 e-mail) | edu34@kakao.com
※ 이 책을 읽다가 궁금한 점이 있을 때는 지은이 이메일을 이용해 주세요.

ⓒ 이경원, 2025
ISBN 979-11-94010-13-5 (03370)
"행복한나무" 도서번호 : 192

※ [행복한 교육®] 시리즈는 "행복한나무" 출판사의 교육서 브랜드입니다.
※ 이 책은 신저작권법에 의거해 한국 내에서 보호를 받는 저작물이므로 무단 전재 및 복제를 금합니다.

이경원의
수업의 탄생

| 이경원 지음 |

| 프롤로그 |

그림과 편지 그리고 수업 이야기

그림+시작

　저는 수업을 하는 교사랍니다. 초등학생들과 함께 지내는 초등교사이면서 동시에 교사들의 수업을 지원하는 수석교사이기도 하지요. 그래서 저는 아이들 속에서, 동료 선생님들과 함께 살아가고 있습니다. 벌써 26년째 교사로 생활하면서 가르치고 배우는 것에 대한 저만의 생각과 고민을 지니고 살아왔습니다.

　제가 생각하는 것들은 명확한 정답을 찾을 수 있는 것이 아니었습니다. 교육이라는 행위가 가진 특징이라 생각합니다. 정답이 없기에 모호하고, 그래서 제가 경험하고 생각한 것을 다른 누군가와 나누는 일은 어렵기만 했지요. 우리는 언어를 통해서 다른 존재와 소통할 수 있지만 언어가 표현하지 못하는 부분

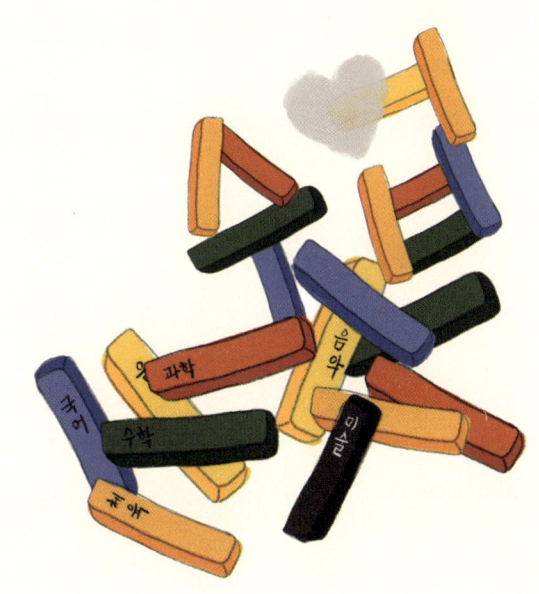

도 분명히 있으니까요.

    이런 제 삶에서 하나의 돌파구가 되었던 것이 그림입니다. 말로 표현하기 어려운 아쉬움을 느끼고 있던 저는 우연히, 그리고 자연스럽게 그림을 그리기 시작했습니다. 더 정확하게 말하면 그림은 아이들의 삶과 밀접한 관계가 있었고, 그래서 저도 모르게 그림에 관심을 가질 수밖에 없었던 것 같습니다.

수업과 그림

    아이들과 다양한 수업을 진행하다 보면 그림은 굉장히 중요한 요소가 됩니다. 최근엔 인공지능의 등장으로 직접 그림을 그리지 않아도 쉽게 이미지를 얻을 수 있는 세상이 되었지요. 하지만 제가 생각하는 수업 속 그림은 단순히 이미지를 얻는 과정이 아닙니다. 수업 내용을 그림으로 그리고 요약하는 것 그 자체로 중요한 교육적 효과를 가진다고 생각하기 때문입니다.

'장항습지'를 탐사하기 전후에 관련 내용을 그림과 함께 표현하는 것은 그 자체로 생생함을 더하는 수업이 되었습니다. 청다리도요는 실제로는 저렇게 파란색이 아니지만, 아이들은 이름만으로 저렇게 푸른색으로 표현하기도 합니다. 그러다가 아이들이 나중에 실제 청다리도요를 보곤 무척 놀랐다는 것은 저만 알고 있는 비밀이지요.

학급과 그림

그림은 학급을 풍성하고 아름답게 만드는 일에도 중요한 역할을 합니다.

오래되어 낡은 학급의 벽에 아이들이 힘을 모아 협동화를 그려 꾸미는 일은 단순한 교실 환경 정리와는 다른 의미를 띠게 됩니다. 자신들이 주제를 정하고 디자인하여 그것을 표현하는 교육적인 활동이 되는 것이지요. 그리고 무엇보다도 아이들은 그림으로 표현하는 것을 즐거워합니다.

교사와 그림

그래서인지 그림을 좋아하는 아이들은 교사를 그림으로 표현하는 것도 좋아하더군요. 우리 반 아이들이 그려준 제 모습은 시기에 따라 다르지만, 모두 다 재미있고 특징을 잘 표현했다는 것을 인정하지 않을 수 없었답니다.

아이들은 저를 큰 종이에 그리기도 하고, 칠판에 그려 표현하기도 했습니다.

칠판 그림

이렇게 아이들과 그림이 밀접하게 관련되어 있으니, 저 또한 그림을 활용한 수업을 점점 많이 하게 되었답니다. 제가 말하고자 하는 것을 그림으로 먼저 보여주고 시작하는 수업이 많아졌지요.

그림책 속 주인공을 칠판에 크게 그려놓고 시작하는 수업은 그 자체로 재미있는 수업을 만들 수 있었답니다. 제가 칠판에 그림을 그리면 아이들도 같이 하고 싶어 했고, 그래서 아이들과 함께 많은 작품을 만들었습니다.

교육과 그림

교육이라는 주제가 가진 모호함이 있다고 생각합니다. 쉽게 단정 지을 수 없고, 프로그램화되기 어려운 무언가가 있다는 말이지요. 많은 교사가 이러한 상황을 그저 묵묵히 마음 깊은 곳에 담아두고 살아갑니다. 다양한 곳에서 선생님들을 만나 교육에 관한 이야기를 전하고 소통해야 하는 저 역시 마찬가지였지요. 이런 저에게 그림은 소중한 소통의 도구가 되었습니다.

많은 선생님 앞에서 이런저런 교육적 이야기를 전하는 제게도 이것이 맞고 저것은 틀렸다고 말할 수 있는 것은 그리 많지 않습니다. 수업과 예술이 닮았다고 말하기는 쉬워도, 설명하기는 어려운 것처럼 말입니다. 하지만 그림으로 표현된 것을 배경으로 이야기하다 보니, 많은 분이 직관적으로 이해되는 것 같다는 피드백을 주셨습니다. 그리고 제 그림을 맘에 들어 하셨답니다. 그래서 용기를 내보기로 했습니다. 그림을 주로 하는 수업에 관한 이야기를 풀어내기로 말이지요.

메모에서 그림으로

처음 교육에 관한 이야기를 그림으로 그릴 때는 메모를 하듯이 시작했습니다. 책을 읽다가 그것과 관련된 그림을 그리기도 했고, 다양한 생각이 머릿속을 가득 채우면 그것을 한 장의 그림으로 표현하기도 했지요. 그리고 이렇게 그려진 메모는 시간이 지난 뒤 다시 그림으로 그려졌습니다.

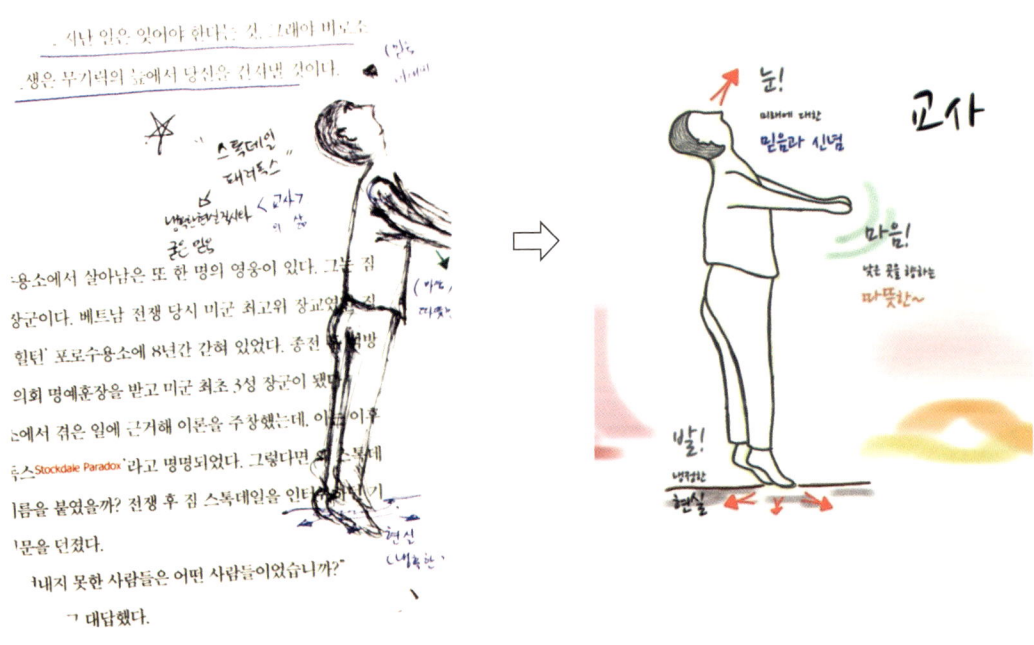

물론 아직도 그림으로 넘어가지 못한 메모들도 있습니다. 아마 앞으로도 계속해서 메모와 그림을 이어갈 것 같습니다.

그림의 힘

"생각을 그림으로 표현함으로써 고정된 사실에서 벗어나 일종의 '우화' 처럼 생각을 표현할 수 있죠."

윌리엄 에어스가 쓴 《가르친다는 것》에는 교육이라는 정답이 없는 것에 대해, 제가 좋은 느낌을 가지고 그림으로 표현했던 이유가 나와 있어서 기뻤습니다. 교육이라는 행위에는 사실 그대로를 보여주는 것을 넘어서는 의미가 항상 존재한다고 생각합니다. 그런 의미에서 그림은 훌륭한 표현 방법입니다. 그리고 교육의 핵심인 '수업'과 관련해서도 그림으로 표현하고 생각하는 것은 매우 중요하고 효과적인 방법이라 생각합니다. 그래서 이 책의 주인공은 책 속의 다양한 그림들입니다.

그림과 편지

그림이 주인공인 책이지만 그렇다고 그림으로만 책을 낼 순 없겠지요. 그림과 관련된 이야기를 풀어내는 글을 쓰고 싶었습니다. 그런데 어떤 형식의 글을 써야 할지도 큰 고민이었습니다(고민하는 시간이 반년이나 걸렸네요). 그리고 마침내 '편지' 형식에서 그 답을 찾았습니다.

편지는 보통 특정한 대상을 정해놓고 쓰게 되지만, 여기서 제가 쓰는 편지는 이 책을 읽는 모든 독자를 향한 것입니다. 편안하게 바로 옆에서 이야기하는 듯한 편지를 쓰고 싶었습니다. 조금이나마 독자분들과 가까워지고 싶은 마음에, 또래 친구가 이야기하듯 편한 말투로 적어나갔습니다.

마지막에는 그림과 편지 내용에 도움이 될 만한 것들을 정리해 보았습니다. '경원쌤의 알콩달콩 팁'이라는 이름으로 말이죠. 이 책을 집어 들고 함께해 주신 모든 분께 편지를 통해 저의 고마운 마음이 전달되기만을 바랍니다.

고맙습니다.

"논리나 분석은 별로 중요하지 않았습니다. 나의 아이디어를 이끌어내는 데 실질적으로 도움을 준 것은 희미하지만 '이미지'였습니다."

– 알베르트 아인슈타인

차례

|프롤로그| 그림과 편지 그리고 수업 이야기   4

수업의 길   22

1부
수업 후 편지
: 그 속에 숨어 있는 지혜와 성찰 음미하기

1. 교사와 아이   26
2. 배움의 용기   32
3. 자연 속 인간   36
4. 부드러움   40
5. 고마워   43
6. 긴 호흡의 수업과 빛   46
7. 빛나는 존재 되기   50
8. 빛나는 색 되기   54

9. 가치 있는 수업	58
10. 텃밭 씨앗의 자람과 수업	62
11. 교사의 삶과 수업	66
12. 교사의 뒷모습으로 만드는 수업	70
13. 교사의 두 가지 모습	74
14. 사슬의 강도와 수업	78
15. 눈 눈 눈	82
16. 디지털 세상 속 이름이 있는 삶	86
17. 속도가 아니라 목적지가 중요해	90
18. 걷기와 수업	95
19. 동료와 수업	99
20. 심해어와 수업	103
21. 전문성의 의미와 수업	107
22. 차근차근 수업	111
23. 프로젝트 수업	115
24. 세 번의 기회	119
25. 수업 후 이야기 : 경원쌤의 알콩달콩 팁	123

2부

수업 중 편지

: 아이들과 함께하는 당신에게 드립니다!

1. 질문과 수업	138
2. 'S'와 수업	142
3. 에너지와 수업	146
4. 꿈과 현실 사이의 비어 있는 공간	150
5. 무지개와 수업	153
6. 리듬이 중요해	156
7. 배우다	160
8. 교사의 삶과 수업	164
9. 함께 만들어가는 앎	168
10. 손잡고 수업	172
11. 메트로놈과 수업	176
12. 손과 뇌의 연결	180
13. '들들들'도 재능이다!	184
14. 수업과 학습의 차이	188

15. 수업과 예술, 예술과 수업	192
16. 감정의 골짜기와 이성의 광장	198
17. 연한 가시와 친절한 수업	202
18. 교사의 시선	207
19. 문틈에 발 끼우기 전략과 수업	211
20. 수업의 목적	214
21. 재료와 수업	218
22. 아날로그와 디지털	222
23. 최고의 공부법	227
24. 실뜨기와 수업 주도성	231
25. 성공과 실패가 아닌 도전의 수업	235
26. 모순과 가치	239
27. 수업 중 이야기 : 경원쌤의 알콩달콩 팁	243

3부

수업 전 편지
: 수업을 준비하며 고민하는 당신에게 드립니다!

1. 교사와 〈흑백요리사〉 260
2. 배움은 마음에서 머리로 263
3. 마음이 모여서 수업이 267
4. 마음으로 연결된 수업 271
5. 같은 색, 다른 색 275
6. 나침반과 지도 279
7. 학교 교육과정 283
8. 고이지 않아야 자란다 287
9. 나 그리고 남 291
10. 전체의 힘 294
11. 프로젝트형 수업과 배움 298
12. 모닝글로리와 수업 불안 304
13. 눈덩이 효과와 수업 경험 308

14. 설명할 수 없는 경험	**312**
15. 간결함이 중요해	**316**
16. 교사의 길과 수업	**320**
17. 학자와 교사	**324**
18. 계획보다 실천이 중요해	**328**
19. 생각 저장고 활용과 수업 성장	**332**
20. 수업의 탄생	**336**
21. 수업 전 이야기 : 경원쌤의 알콩달콩 팁	**339**

|에필로그| 빛나는 삶을 살아가리	**352**
추천사	**361**

수업의 길

수업의 길은 어떤 길일까요?

수업을 이야기하려면 인생을 이야기해야 해요. 왜냐하면 수업은 20대 때부터 제 삶의 중심에 있었으니까요. 그래서 인생의 길이 수업의 길이 되었죠. 그렇다면 인생길은 어떤 길일까요? 정답이 존재하지 않는 길, 누군가를 흉내 내며 똑같이 걸을 수 없는 길이 인생길이라 생각해요. 이렇게 인생길을 받아들이고 나서야 수업의 길이 보였어요. 그래서 수업의 길은, 주어진 매뉴얼을 그대로 따라가는 길이 아니라 스스로 생각하고 한 발, 한 발 나아가 성장하는 길이면 좋겠어요. 비록 그 한 발이 불안하고 어렵더라도 말이지요. 어때요? 심호흡 한 번 하고 같이 가보지 않을래요?

#인생의 길

#누구나 처음이라 힘들어요!

#나만의 수업도?

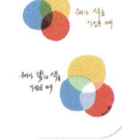

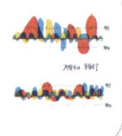

수업 후 편지

: 그 속에 숨어 있는 지혜와 성찰 음미하기

1
교사와 아이

너는 교사가 되어 살아가는 일에 어떤 좋은 점이 있다고 생각해? 안정적인 직업이라서? 물론 신분이 보장되고 안정적인 생활이 가능한 직업이지. 자신에게 투자하고 능력을 개발할 시간적 여유도 있고. 그런데 난 좀 다른 측면에서 교사가 되어 좋다고 생각하고 있어. 특히 초등학교 교사이기에 가질 수 있는 장점이 크다는 생각이야.

우리끼리 얘기지만 초등교사로 살아가는 일은 생각보다 어려워. 학교 밖에서 보이는 모습은 어리기만 한 아이들과 그저 재미있게 생활하는 것처럼 보이고, 교과 내용도 그다지 어렵지 않아 보이지. 하지만 실제 아이들과 함께 생활하는 교사들은 생각보다 훨씬 많은 에너지를 사용해야 해. 예를 들어서 188센티미터의 키를 가진 내가, 내 허리 정도의 키를 가진 아이들과 소통하며 지내야 하는 모습을 상상해 봐. 저학년 아이에겐 눈높이에 맞추어 대화하고, 고학년 아이에게는 심리적 변화에 적절하게 대응하는 것도 필요해. 결국 초등교사는 보통의 어른과는 다른 소통을 해야 해. 어른이지만 아이 같은 소통 방식이랄까?

그뿐만이 아니야. 아이에게 선생님은 굉장히 어려운 사람이면서, 동시에 엄청 가까운 사람이기도 하지. 아이의 마음속에는 선생님이 학교라는 공간에서 자신을 가르치는 사람이라는 기본 생각이 깔려 있어. 그래서 선생님이 말씀하시면 잘 따르려고 노력하지만, 아이이기에 아직은 자기 말과 행동을 잘 통제하지 못해. 그래서 선생님을 어려워하는 동시에, 함부로 대하기도 하지. 선생님의 옷을 마구 잡아당기거나, 아무 때나 선생님에게 달라붙어서 안기는 행동 등을 하기도 하고 말이야. 한두 명의 아이라면 선생님이 여유 있게 받아줄 수 있겠지만 20명이 넘는 아이가 선생님에게 달려들면 상황이 복잡해져. 그래서 선생님은 아이와 적당한 거리를 유지하려 애쓰지. 교사에겐 그 거리를 어느 정도에서 유지해야 하는지가 참 어려운 일이야. 너무 가까워도 안 되고, 너무 멀어도 안 되니 말이야.

나도 처음 교사가 되었을 때는 아이들과의 소통에도 어려움이 컸고, 거리 조절도 제대로 하지 못했어. 그나마 다행인 것은 아이들도 처음에는 자기와 대화가 잘 안 되더라도 어느 정도 선생님을 배려해 준다는 거야. 하지만 선생님이 계속 딴소리를 하면 어느새 그 선생님 곁에서 아이들이 사라져. 물론 난 아이들의 이야기에 집중했고, 아이들의 방식에도 익숙해지려고 부단히 노력했어. 그래서 다행히 소통과 관련된 어려움은 빨리 해결했지. 그런데 문제는 거리 조절에서 나타났어.

처음 교사가 된 후 몇 년 동안은 아이들과 너무 가깝게 지냈어. 덩치는 아이들의 3배인데 하는 행동은 아이들 같았다고 할까? 그래서 아이들은 나에게 매달리기도 하고, 때로는 끌고 다니며 놀기를 좋아했어. 어떤 날은 내가 교사인지, 아니면 인간형 놀이 기구인지 헷갈릴 정도였으니 말이야. 그런데 교사와 아이의 이런 관계는 공부 시간에 어려움을 가져왔어. 자기들과 잘 놀아주고 어울린다고 생각한 아이들은 내가 선생님이라는 생각을 잊어버려. 선생님이 아니라 그저 동네 아저씨 정도로 인식하게 되어버리는 거야. 그러면 수업 시간에 탐구해야 할 내용에 집중하기 힘들어져.

아이들 스스로 수업과 쉬는 시간을 구별하는 것은 쉬운 일이 아니야. 그래서 나도 처음에는 무척 힘들게 수업을 이끌어 갔어. 그렇게 시간이 흘러, 나중에는 아이들과 소통하는 방식에도 익숙해지고 적절한 거리도 유지하게 되었지. 지금은 아이들이 쉬는 시간엔 신나게 놀아도, 수업 시간엔 열심히 공부해. 가장 이상적인 모습이지.

그렇게 아이들과 함께 생활하고 소통하고 어울리며 지내다 보니, 어느새 시간이 꽤 흘렀어. 26년이나 되었으니 말이야. 26년의 시간을 돌아보다가 알게 된 중요한 사실이 있어. 그건 아이들이 나를 변화시켰다는 점이야.

처음엔 아이들이 나를 힘들게 하는 존재라는 생각도 들었어. 그런데 시간이 지날수록 아이들이 나를 좋은 사람으로 만들어주는 존재라는 것을 알게 되었지. 그냥 어른의 세상에서만 지냈다면 인간이 가진 가장 순수한 모습은 금방 잊어버렸을 것 같아. 그런데 다행히도 내 옆엔 인간이 가져야 할 가장 소중한 것들을 그대로 간직한 아이들이 있었어. 그리고 아이들은 나를 계속해서 일으켜 줬어. 아무 곳에서나 주저앉지 않도록, 언제나 세상에 희망이 있음을 잊지 않도록 말이야. 그렇게 난 아이들 덕분에 지금의 내가 되었어.

교사가 되고 24년이 지날 때까지, 나는 아이들에게 죄짓지 않는 교사가 되어야 한다고 생각하며 지냈어. 나라는 존재가 아이들에겐 괴물 같을 수 있다고 생각했으니까. 하지만 최근에야 깨달았어. 아이들이 괴물일 수밖엔 없는 나를 괴물이 아닌 존재로 만들어주고 있었다는 사실을 말이야. 어떤 보상도 바라지 않고 그저 자신들과 함께하는 좋은 어른이 되기만을 바라는 마음으로 나를 바라보고 변화시킨 아이들. 그 덕분에 지금의 내가 되어 살 수 있다는 생각이 들어. 그리고 초등교사로 살아가는 것이 얼마나 축복인지 생각해.

그런데 초등교사만 이런 축복을 받은 걸까?

아이들 덕분에 인간답게 살 수 있다고 믿는 경원이가.

#2014년 그림과 2025년의 그림
#아이들에게 죄짓지 않는 교육
#아이들이 있어서 행복한 교육

2
배움의 용기

넌 배운다는 것에 대해 어떻게 생각해? 세상에는 하루가 다르게 새로운 것들이 나타나고, 배워야 할 것들도 기하급수적으로 늘어나지. 매일 배워도 부족한 것 같은 이 기분 말이야. 이런 세상에서 우리는 무엇을 어떻게 배워야 할까?

세상이 복잡해지고 지식이 폭발적으로 증가하는 시대에 맞추어, 새로운 교육과정에서 강조하는 것이 있어. 바로 '역량'을 함양하는 거야. 역량이라는 말에는 다양한 의미가 있겠지만 내가 생각하는 역량은 '교실에서 머리로 알게 된 것을 넘어 지금 내 삶에 적용할 수 있는 힘'이야. 지금 내가 공부하는 것이 현재의 내 삶과 연계될 때 그게 진짜 역량이고, 역량을 함양할 수 있는 기회이기도 하지. 그래서 난 프로젝트 수업을 해.

교사로서 내가 주로 하는 수업이 프로젝트 수업이야. 다양한 교과를 넘나들면서 아이들 마음을 움직이는 수업이 내가 가장 잘하는 수업이지. 교과서 내용을 따라가는 수업에 비해 프로젝트 수업은 에너지도 더 많이 들고, 다양한 자료도 많이 필요해. 그리고 누군가 먼저 해본 검증된 수업이 아니기에 각종 어려움과 시행착오도 많아. 그렇지만 난 26년의 경력 중 15년이 넘도록 꾸준히 프로젝트형 수업을 해오고 있어. 어려움과 시행착오들은 큰 문제가 아니라는 자세로 말이야.

어떤 교사는 프로젝트 수업이 좋다는 건 알지만 너무 어렵고 힘들어서 못하겠다고 말해. 사실 15년 넘게 프로젝트 수업을 해온 나도 어렵고 힘든 건 똑같아. 그런데도 난 왜 이 수업을 계속하고 있는 걸까? 물론, 프로젝트 수업은 삶과 연계된 수업이므로 어려워도 해야 한다는 마음이 있지. 하지만 또 다른 중요한 이유가 있어. 그건 바로 '배움의 용기'야.

배움의 용기가 뭐냐고? 우리가 무언가를 배울 때 필요한 마음이라고 할까? 음… 배움에 꼭 필요한 자세라고도 할 수 있겠다. 우리 모두 알다시피 세상엔 수많은 정보가 널려 있어. 사실 정보가 너무 많아서 오히려 우리를 혼란스럽게 하지. 이런 세상에 딱 필요한 자세가 배움의 용기랄까? 그래서 그게 정확히 뭐냐고? 그건 바로 '버릴 수 있는 용기'야.

누구나 자기가 원하는 모든 것을 가지지 못한다는 것은 잘 알 거야. 하지만 많은 사람이 원하는 모든 것을 가질 수 있을 것처럼 행동하지. 현실에서 그런 일은 당연히 이뤄지지 않아. 그런데도 이루지 못한 것을 아까워하곤 해. 마치 이룰 수 있는 것을 놓친 것처럼 말야. 그렇게 마음은 무거워져만 가지.

난 배움도 마찬가지라는 생각이 들었어. 지금 꼭 알아야 할 것이 있어. 또는 이제 우리가 알아가야 할 중요한 것이 있어. 그런데 어제까지 내가 해온 것들이 너무 아까워. 그럴 때 넌 어떤 선택을 해? 난 과감히 어제의 것, 지금은 필요하지 않은 것을 내려놓고 나아가. 가벼워진 내가 갈 수 있는, 선택할 수 있는 길이 더 많을 테니 말이야. 그렇게 난 어렵고 힘들어 보이는 수업에 계속 도전할 수 있지.

그런 수업을 계속하다 보니 이런 생각이 들었어. 지식은 습득하는 것도 중요하지만 필요하지 않은 지식을 가려내고 버릴 수 있는 용기가 더 중요하다고 말이야. 넌 어떻게 생각하니?

지금 가진 것을 버릴 줄 아는 경원이가.

#습득보다 더 중요한 것은?

#버리고 앞으로 나아가기

#지금, 이 순간에 집중하기

3
자연 속 인간

혹시 넌 인생의 전환점을 경험했니? 왜, 그럴 때가 있잖아. 어떤 일을 계기로 그 전과는 다른 삶을 살게 되는 사건이나 일 말이야. 난 자연과의 만남을 통해서 교사 인생의 전환점, 아니 더 정확하게 말하면 내 인생의 전환점을 맞이했어.

20년 전에 난 생태 교사 모임에 가입했어. 그리고 그곳에서 자연과의 만남을 경험하며 인생의 전환점을 맞이했지. 물론, 그전에도 자연과는 만났어. 다양한 생태활동도 했고. 자연 속에서 휴식과 놀이를 즐기며 살아왔으니까. 하지만 내가 알고 있던 생태와 자연은 그저 지식 속에 존재하는 것 이상도 이하도 아니었어. 나는 자연을 안다고 생각했지만, 실제론 잘 알지 못하고 있었던 거야. 그렇다면 진짜 알게 된 자연은 어떤 것일까?

생태 교사 모임은 자세하고 친절하게 설명해주는 것보다는 실제 자연 속에 들어가 경험하는 활동이 대부분이었어. 난 카메라 하나 들고 따라다니며 내가 보기에 예쁜 것들을 찍었지. 그렇게 시간을 보내는 것도 좋았어. 나름 힐링이 되는 듯했으니 말이야. 그렇게 한참을 따라다니던 어느 날, 나는 멈춰진 시간 속에 홀로 남겨진 것 같은 경험을 하게 되었어. 내 주위의 사람들이 모두 다른 곳으로 이동한 후 홀로 남겨진 내 모습을 멀리서 지켜보는 느낌이랄까? 난 무언가에 빠져서 헤어 나오지 못할 것 같은 기분이 들었어. 그런데 그 순간, 내 주위의 모든 것들이 나와 같은 숨을 쉬고, 나와 같은 소리를 내고 있었어. 작은 풀, 키가 큰 나무, 하늘을 가로지르며 날아가는 새들까지 말이야. 그곳에서 난 아주 작고 미미한 존재일 뿐이었지. 작은 풀꽃이 나보다 더 강렬한 생명의 빛을 내뿜는다는 것도 그때 처음 느꼈어. 자연 속에서 인간의 의미가 무엇인지, 그날 나는 그렇게 온몸의 감각으로 느꼈던 것 같아. 그리고 난 변했어.

이전에는 인간이 가진 능력이 다른 존재들에 비해 대단하다고 생각했어. 하지만 지금은 그렇게 생각하지 않아. 진심으로 말이야. 내가 보는 입장에서 내가 잘하는 것 위주로 세상을 보니 내가 대단한 것일 뿐이지, 나와 전혀 다른 입장에서 그 존재가 뛰어난 부분으로 날 본다면 난 형편없을 거야. 그래서 난 더 겸손해졌고, 내가 가진 모든 것들에 대해 더 고마워하기 시작했어. 그것만이 내가 할 수 있는 유일한 일이라 생각했으니까.

학교라는 공간에서 교사의 모습도 같아. 나를 기준으로 살펴보니 내가 우위에 있는 것 같고, 내 위주로 모든 것이 움직여야 할 것 같을 거야. 하지만 조금만 시선을 돌려서 바라보면 그렇지 않다는 걸 알 수 있지. 자연 속에서 인간인 내가 얼마나 미미한 존재인지 깨달은 것처럼 말이야. 그러면 주위의 모든 것에 겸손해지고, 고마운 마음을 가지고 생활할 수 있어. 내 인생의 전환점을 통해 내 수업도 변할 수 있었어. 넌 어떻게 생각하니?

자연 속 인간의 의미를 생각하는 경원이가.

#자연과 인간의 관계

#인간은 정말 위대한 존재일까?

#자연 속 인간의 의미 생각하기

4
부드러움

얼마 전, 옷걸이를 집어 들고 옷을 걸려다 있었던 일이야. 보통 세탁소에서 세탁 후 받아 오는 옷걸이는 얇은 철사로 만들어진 옷걸이지. 가벼운 티셔츠나 수건 등을 널어놓기엔 충분해서 집에서도 많이 사용해. 그날도 옷걸이에 옷을 빨리 걸어야 해서 아무 옷걸이나 손에 잡히는 것을 집어 들고는 옷을 걸려고 손을 움직였지. 그런데… 한 손으로 옷걸이 밑부분을 잡아서 그런지, 옷을 걸려고 하면 옷걸이가 돌아가버리는 거야. 돌아가지 않게 하려고 더 세게 힘을 주었는데도 말야. 계속해도 똑같이 돌아가는 옷걸이 때문에 화가 날 뻔했어. 그런데 그 순간, 옷걸이를 세게 잡지 말고 부드럽게 잡으면 어떨지 궁금해졌어. 그래서 손에 힘을 빼보았지. 그러자 부드럽게 쥔 옷걸이는 내 생각대로 움직였고, 결국 옷을 잘 걸 수 있었어.

사실 아무 일도 아니야. 그냥 옷걸이에 옷을 걸었을 뿐이지. 그런데 난 그 순간 내 삶의 태도를 돌아보게 되었어. 어떤 일을 하려고 할 때 강하게 힘을 준다고 다 해결되는 건 아니라는 걸, 어쩌면 우리 앞의 문제들은 부드럽고 조심스럽게 접근해야 해결할 수 있다는 것을 말이야.

수업에 접근하는 내 생각도 다르지 않아. 최근 수석교사로 살아가며 이 생각을 더 많이 하게 되었어. 6학년부터 1학년까지 모든 학급에서 수업을 하다 보니, 새로운 학년의 새로운 반에 들어갈 때면 나도 모르게 긴장돼. 하지만 그럴 때마다 옷걸이를 생각하지. 무언가를 내가 세게 잡으려 한다고 해서 잡히는 건 아니라는 사실을 말야. 그래서 힘을 주는 수업이 아니라 부드러운 수업을 상상하며 새로운 교실에 들어가고 있어.

넌 어때? 너도 혹시 무언가를 꽉 붙잡아야 된다고 생각했다면, 이번 기회에 부드럽게 잡아보지 않을래?

부드러움이 중요하다고 생각하는 경원이가.

#세탁소 옷걸이와 인생?
#힘을 세게 하면 잘 잡힐까?
#부드러움이 필요한 순간

5
고마워

넌 수업 시간에 '고맙다'라는 말을 몇 번이나 사용하니? 수업 시간에 고마운 일이 뭐냐고? 그러면 반대로, 수업 시간에 고맙지 않은 일은 뭘까? 약간 말장난 비슷하게 되어버렸네. 난 수업 시간에 고맙다는 말을 자주 사용해. 주로 사용하는 말들은 다음과 같아.

"세원이가 선생님 이야기를 정말 열심히 들어줘서 너무 고마워."
"원재가 친구에게 펜을 빌려주는 모습을 보니 너무 고마워."
"수업 시간에 맞춰서 자리에 앉아 기다리는 너희들이 너무 고마워."
"선생님과 함께 공책 필기를 예쁘게 하려고 노력하는 모습이 너무 고마워."

내가 고마워하는 일들이 너무 당연한 일인 것 같지? 그래. 맞아. 난 모든 일에 고맙다고 느끼며 살아가. 왜냐하면 내가 살아가는 지금 이 순간도 고마운 순간이라 생각하니까. 살아있는 것도 고마운데, 거기다 아이들과 함께 배움을 실천하니 얼마나 고맙겠어?

그러면 이런 의문이 들 수도 있겠지. 모든 일이 고맙다면, 떠들고 장난치는 아이에게도 고마운 마음이 드는지 말이야.

난 떠들고 장난치는 아이에겐 아주 엄하게 꾸짖어. 하지만 나의 꾸짖음에 반응하고 조심하는 아이의 모습이 보이면 바로 고마워해. "선생님이 이야기한 것을 잘 알아듣고 행동으로 보여줘서 고마워요."라고 말이야.

그래서인지 아이들은 내가 자신들을 혼내는 일을 감정적으로 받아들이지 않아. 그저 자신들에게 부족한 부분을 선생님이 알려주고 고치려 한다고 생각하는 것 같아. 교사의 마음을 아이들이 알아준다고 할까? 이렇게 모든 것을 고마워하는 교사와 함께하는 아이들의 마음엔 무엇이 자랄까? 고마움 속에서 자란 아이는 고마운 마음을 더 많이 가질 거라고 믿어. 넌 어떻게 생각하니?

고마운 일투성이인 경원이가.

#고맙다는 말의 전 세계 언어

#고마움이 큰 세상은 어떤 세상일까?

#고마움으로 가득한 수업

6
긴 호흡의 수업과 빛

넌 아침에 교실에 들어갈 때면 어떤 생각이 들어? 5년 차 미만의 교사였을 때, 난 교실에 들어가는 일이 어떤 느낌인지도 몰랐던 것 같아. 그저 아이들과 오늘 하루도 가열차게 무엇인가를 한다는 것만 생각했어. 그런데 시간이 지나며 경력이 쌓여갈수록 교실에 들어가는 일이 조금씩 다르게 인식되기 시작했어. 약간의 설렘과 함께 말이야.

교사가 수업을 준비하고 수업을 실행에 옮길 때마다 겪게 되는 일이 있어. 바로 계획과 실천의 간격 말이야. 계획한 것처럼 수업이 착착 진행되면 좋겠지만, 사실 그렇게 되지 않지. 어떤 교사는 그래서 힘들다고 하고. 그런데 오히려 난 설렘의 감정을 느껴. 수업을 할 때면 항상 내가 계획한 것 이상의 수업을 하게 된다는 느낌을 받기 때문이야. 분명 내가 계획한 수업은 10단계인데, 아이들과 함께하다 보니 11단계, 12단계를 넘어가는 수업이 되는 경우가 많아서인 것 같아. 그게 가능하냐고? 음… 나의 경우엔 그랬다는 이야기야. 그러면 어떻게 해서 그런 느낌을 가지게 되었을까? 여기엔 '긴 호흡의 수업'이라는 단어가 필요해.

아이들과 수업하다 보면 한 차시로는 부족한 경우가 많아. 더 깊이 있게 이야기를 끌어가고 싶을 때도 많고. 그래선 난 수업과 수업을 연결해 긴 호흡의 수업을 즐겨 하지. 이렇게 수업을 길게 끌고 가면 한 가지 주제에 집중해서 모두가 나아갈 수 있고, 더 깊이 생각할 수 있는 여유를 가지게 되어서 좋아. 그리고 그 과정에서 빛나는 순간이 나오지. 내가 준비해 온 수업의 목표 이상을 아이가 받아들이고 행동으로 보이는 경우 말이야. 그 순간 교실엔 빛이 가득해.

'공동체'라는 주제를 중심에 둔 수업에서 누구도 예상하지 못한 순간에 친구를 위해 모두가 마음을 모아주던 일, '평화' 주제 수업에서 평화를 위해 자신만의 영광을 내려놓고 모두와 함께하는 실천을 보여주던 일, '배려' 주제 수업에서도 누구도 해결하지 못할 것 같은 관계의 벽을 허물고 새로운 시작을 보여주던 일 등…. 아이들로부터 발현된 빛나는 순간은 내 마음을 따뜻하게 감싸고 다독여 주었어. 이러니 내가 수업 시간에 들어가는 것이 설렌다는 거야. 넌 어떠니? 오늘 넌 어떤 마음으로 교실에 들어갈까?

빛나는 존재들과 만나는 것에 설레는 경원이가.

#빛나는 수업은 무엇일까?

#교실 앞에서 난 무슨 생각을?

#수업이 연속되고 연결되면 좋은 점

7
빛나는 존재 되기

　난 수업을 하는 교사가 공통적으로 가지고 있는 삶의 자세가 있다고 생각해. 그건 바로 진리에 대한 끊임없는 탐구와 나아감이야. 아마 너도 그럴 거야. 어떻게 해야 우리가 만나는 아이들에게 의미 있는 배움을 만들어줄지 고민한다면 말이지. 그런데 오랫동안 진리를 향해 나아가던 내가 딜레마에 빠진 적이 있어.

　과학 실험 시간이었어. 아이들과 태양계에 대해 공부하며 태양을 전등이라고 약속하고, 행성들이 그 주위를 돌며 빛을 받는다는 이야기를 하고 있었지. 태양계에서 빛을 내는 존재는 태양(항성)이 유일하고, 나머지 행성들은 빛을 받아들이고 반사한다는 이야기야. 우리가 상식적으로 잘 알고 있는 이야기지. 실험을 하던 중 나는 지구 모형을 들고 천천히 전등 가까이 다가갔어. 그때, 내 뒤로 점점 커지는 그림자가 눈에 들어왔지. 빛을 내는 전등에 가까워질수록 그 뒤의 그림자가 더욱더 커지는 것을 눈으로 확인한 거야. 사실 이런 현상은 이미 알고 있었지만, 태양과 행성의 관계를 생각하다 보니 다른 생각으로 이어졌어. 바로 진리를 찾아가는 내 모습과 오버랩되었던 거야.

난 교사이기에 당연히 진리를 향해 나아가지. 그리고 우리는 진리를 보통 빛으로 표현해. 그렇다는 건 내가 진리를 향해 나아갈수록 내 뒤의 그림자도 덩달아 커진다는 것이고, 그 순간 나는 깨달은 거야. 일부러 그러는 것은 아니지만 내 뒤의 누군가에게 내가 그림자를 드리운다고 생각하니 꺼림칙했어. 그러면 내가 진리를 향해 나아가는 행위를 멈춰야 하나, 하는 생각까지 들었지. 넌 어떻게 생각해?

그래서 오랫동안 고민했던 것 같아. 어찌해야 좋을지 말이야. 그리고 어느 날 다시 깨달았어. 내가 빛을 향해 나아가는 올바른 모습이 무엇일지 말이야. 그건 그저 빛을 반사하기 위해 나아가는 것이 아니라, 빛을 향해 나아가며 나 또한 빛을 내는 존재가 되어야 한다는 것이었어. 태양과 다른 행성들 같은 관계가 아니라, 태양을 좇는 또 다른 태양이 되어야 한다는 사실을 말이야.

비록 작고 소박한 빛이라 할지라도 나만의 빛을 내야 하는 것이지. 그렇게 된다면 내 주위를 밝힐 수 있고, 주변 사람들에게 어둠을 드리우지 않아도 되니까.

내가 태양과 같은 빛을 낼 수 있을지는 모르겠어. 하지만 나만의 작은 빛을 내기 위해 노력해야 한다는 생각은 할 수 있잖아? 어때? 우리는 빛을 낼 수 있을까? 같이 노력해 볼래?

빛을 내는 존재가 되고 싶은 경원이가.

#진리의 빛과 교사

#빛에 가까워질수록 그림자의 크기도?

#우리는 스스로 빛날 수 있을까?

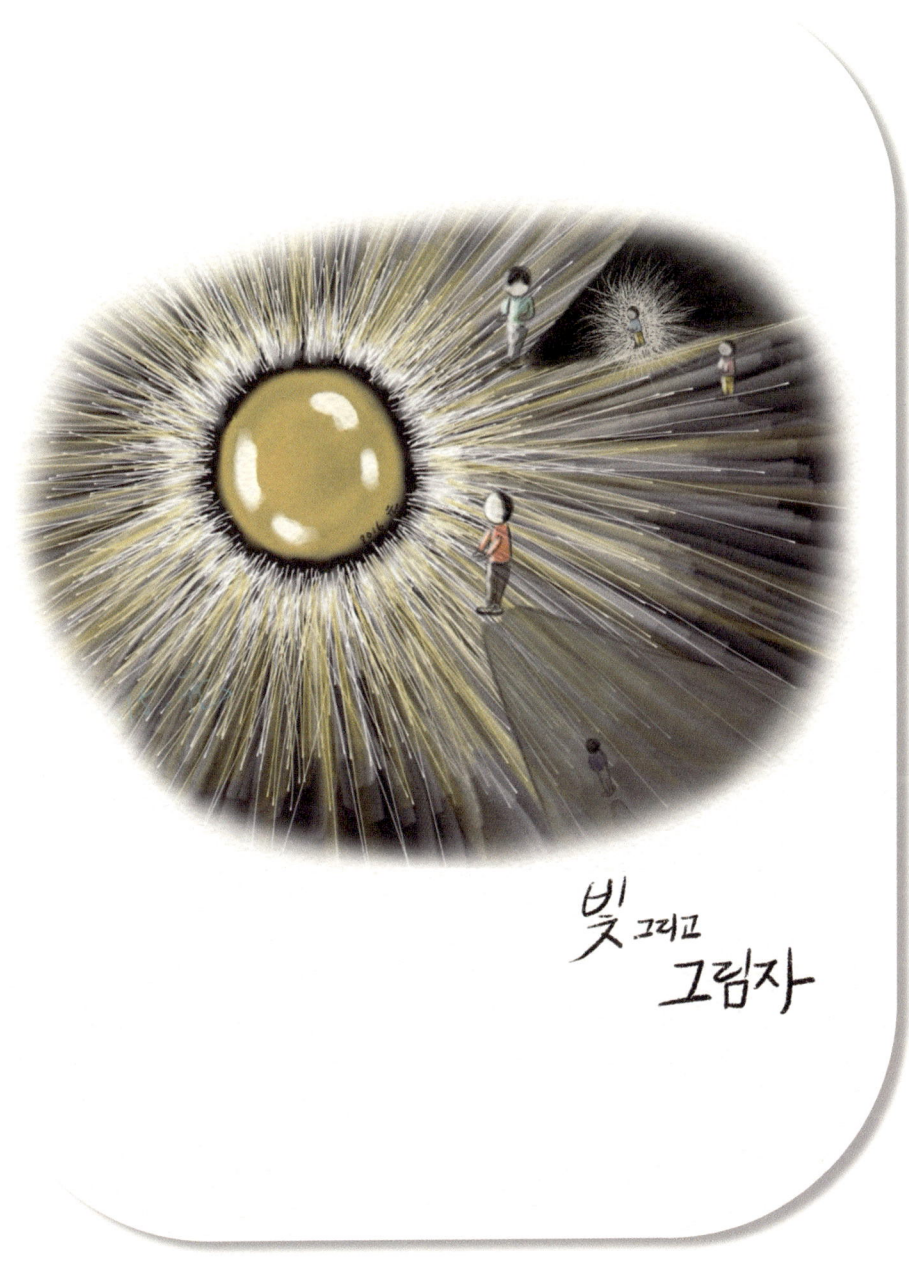

빛 그리고
그림자

8
빛나는 색 되기

보통 학교에서 이런 문구를 많이 사용하지. 아마 너도 본 적이 있을 거야.

'너만의 색깔을 찾아봐.' 같은 문구 말이야.

누구나 다양한 색깔을 가지고 있고, 자신만의 색을 찾아가는 것이 중요하다는 내용이지.

자신만의 색을 가지는 것은 교사에게도 중요해. 누가 봐도 'ㅇㅇ쌤의 수업 같다'는 이야기를 들을 수 있다면 정말 좋지. 그것이 ㅇㅇ선생님만의 색깔일 테니 말이야. 그런데 나는 색깔로는 만족할 수 없었어. 그 이유는 바로 색이 가진 속성 때문이야.

일단, 각자가 자신만의 색을 가지는 것은 중요하지. 그건 나도 인정. 빨간색을 가진 나와 노란색을 가진 사람이 만나서 함께하면 주황색이 되지. 파란색과 빨간색이 만나 보라색이 될 수도 있고. 노랑과 파랑이 만나 초록이 될 수도 있을 거야. 여기까진 문제가 없어 보여. 그런데 빨강과 파랑과 노랑이 다 섞이면 무슨 색이 될까? 그리고 우리가 알고 있는 색들이 다 모여서 섞이면 무슨 색이 되지? 그래, 맞아. 회색이 되어버리고 말지. 난 그게 싫었어. 각자가 가진 예쁜 색이 모였는데 결국 회색이 되어버리는 것이 말이야. 그래서 각자의 색을 가진다는 의미를 다시 생각했어. 그리고 나름의 해답을 찾았어. 그리고 여기서의 색은 물감이나 크레파스에서 우리가 사용하는 색을 말하는 것이 아니라 빛으로 이루어진 색을 말해.

빛으로 이루어진 색들을 모두 섞으면 어떻게 되지? 맞아. 바로 아주 밝은 빛이 돼. 빛과 빛이 모였으니 더 밝은 빛이 되는 건 당연한 일이야. 그리고 난 이 당연한 빛의 섞임이 우리가 말하는 색이어야 한다고 생각해. 서로가 모여 힘을 합칠 때 우리는 더욱더 빛나는 존재가 될 테니까 말야. 그래서 이렇게 문구를 고치면 좋겠어.

'너만의 빛나는 색을 찾아보렴. 다른 빛과 섞여서 더 빛날 수 있는 너만의 빛을.'이라고 말이야.

어때? 우리 같이 빛나는 색이 되어보지 않을래?

빛나는 색이 되고 싶은 경원이가.

#색의 3원색과 빛의 3원색의 차이

#모든 색을 섞으면?

#모든 빛을 섞으면?

9
가치 있는 수업

혹시 《나니아 연대기》라는 소설을 읽어봤니? 난 소설은 읽어보지 못했지만 대신 영화를 봤어. 세 명의 아이가 모험을 통해 얻게 되는 삶의 소중한 것들에 대한 재미있는 이야기였어. 그런데 《나니아 연대기》를 쓴 소설가 루이스(C. S. Lewis)는 이런 이야기를 했다고 해.

"Education without values, as useful as it is, seems rather to make man a more clever devil."

번역하자면 "가치 없는 교육은 인간을 더 잘난 악마로 만드는 것 같습니다. 비록 그것이 유용해도 말이죠!"라는 이야기가 될 것 같아.

난 최근 들어 이 말이 더 많이 생각나. 요즘 우리가 살아가는 세상이 너무 혼란스럽기도 하고, 그 혼란을 만드는 사람들의 면면을 보면 황당하기도 하니까 말이야. 남들이 다 부러워하는 좋은 학교에 입학하고, 공부해서, 꽤 높은 사회적 위치를 가진 사람들이 보이는 행태 말이야. 배웠다는 사람들이 그 배움을 자신의 이익만을 위해 사용하는 것은 개인만의 문제가 아니야. 그 사람이 가진 위치에 따른 파급력이 주변의 많은 사람에게 미치고, 그것이 사회를 더 혼란에 빠뜨리지. 난 그게 너무 싫어. 배웠다면 그래선 안 되는 것 아닐까? 그래서 배움에 대한 생각이 더 중요하다고 생각해.

수업을 통해 우리는 무엇을 배울까? 아니, 더 정확하게 말해서 무엇을 배워야 할까? 물론 이 물음에 대한 기본적인 답은 이미 정해져 있어. 국가 교육과정에서 다뤄야 하는 것들 말이야. 나도 당연히 그래야 한다 생각하고 실천해. 국가 교육과정에서 주어진 목표와 내용은 다뤄야지. 그런데 그것만으로 충분할까? 난 그 부분에서 다른 이야기를 하고 싶어. 바로 수업을 통해 우리는 우리가 소중히 해야 할 가치를 함께 고민하고 탐구해야 한다고 말이야. 그렇게 고민하고 탐구한 가치를 실제 내 삶에 적용하는 일까지 해나가는 시간이 수업이어야 한다는 것이지. 그래서 루이스가 한 말이 더 절실하게 다가오는 것 같아.

그런데 가치를 배우고 그것이 삶으로 실천되기까지는 생각보다 오랜 시간이 걸려. 가치는 한두 번의 수업으로, 특별한 강사의 초청 강연으로 배워지는

게 아니야. 오랜 시간 동안 그 가치에 대해 고민하는 일, 그 가치를 중심에 두고 살아간 경험 등이 함께할 때에야 가치는 우리 삶에 영향을 줄 수 있겠지. 그러려면 교사의 태도가 수업의 전/후에 모두 연결되어 있어야 해. 분절적인 수업이 아니라 가치로 연결된 수업이 이뤄져야 해. 그래서 어려워. 그렇지만 분명 우리가 도전할 만큼 가치 있는 일이 아닐까? 너도 같이하지 않을래?

가치 있는 교육을 위해 항상 고민하는 성원이가.

#가치와 교육

#가치가 소홀히 다뤄지는 교육의 결과는?

#가치를 배우려면 어떻게 접근해야 할까?

"가치 없는 교육은
 안간을 더 잘난 악마로
 만드는 것 같습니다. 비록 그것이 유용해도 말이죠!"

10
텃밭 씨앗의 자람과 수업

오래된 이야기를 할까 해. 우리나라에서 교육과 관련해 큰 변환점이 있었다면 넌 언제라고 생각하니? 다른 많은 것들이 있겠지만 나는 경기도에서 시작한 '혁신학교' 운동이 아닐까 싶어. 내가 알기론 2009년 2학기부터 시작된 혁신학교 운동은 갈 길을 잃고 방황하던 그동안의 우리 교육이 진정 무엇을 해야 하는지 살펴보는 기회를 줬다고 생각해. 어쩌다 보니 나도 그 당시에 혁신학교에서 근무를 시작했어. 2010년부터였으니, 혁신학교가 세상에 나온 완전 초창기였다고 할 수 있지. 그 이후부터 난 많은 생각과 실천을 하며 지내왔지만, 초창기 혁신학교에서 생각하고 고민했던 내용 중 가장 핵심은 수업이 무언인지를 고민하는 것이었어. 그리고 나는 당시 유행처럼 대부분의 혁신학교가 시행했던 '학교 텃밭 가꾸기'를 통해서 그 해답을 찾았던 것 같아.

'학교 텃밭 가꾸기'를 통해서 난 처음으로 농사라는 것을 경험했어. 도시에서 태어나 자라서 시골에서의 삶은 경험하지 못했던 나는 어른이 되어서도 텃밭과는 거리가 먼 삶을 살았지. 그러다 혁신학교에서는 텃밭 농사를 해야 한다⑵기에 아이들과 함께 상추도 심고, 감자도 심고, 방울토마토도 심었어. 농사를 지어본 경험은 없었지만 식물이 자라는 데 필요한 것이 무엇인지는 알고 있어서, 나름 열심히 아이들과 힘을 합쳐 키우고, 수확까지 하게 되었고. 그러면서 차츰 자연스럽게 좋은 수확물이 나오게 하는 방법에 대해 알게 된 것 같아.

일단, 좋은 수확물을 위해 중요한 조건은 좋은 토양이야. 당연히 좋은 흙에서 좋은 수확물이 나오겠지? 그리고 또 하나 중요한 것은 좋은 씨앗이라 생각해. 물론 텃밭에서 키우던 대부분의 작물은 모종을 심었지만 말이지. 결국 좋은 땅과 좋은 씨앗이 있을 때 그곳에 물과 햇빛, 공기가 제 역할을 하게 된다는 생각이야. 그리고 좋은 땅과 좋은 씨앗이 혁신학교에서 내가 수업을 하는 모습과 닮아 있다는 생각을 했어. 좋은 땅을 만드는 것과 좋은 씨앗을 뿌리는 일이 수업인 것이지.

좋은 땅을 만든다는 건, 수업을 위해 수업과 관련된 것들이 좋아야 한다는 의미야. 교사의 수업을 위해 학교의 모든 역량이 집중되어야 하고, 모두가 힘을 모아야 하는 거지. 좋은 씨앗을 뿌리는 것은 수업에서 다루는 내용과 과정, 그리고 그 결과가 의미 있고 유용한 것이어야 한다는 이야기이고. 그렇게 좋은 땅과 씨앗이 있는 수업이라면 당연히 좋은 수확물이 나오겠지? 그런데 좋은 땅이 만들어진다는 건, 어디서 좋은 땅을 가져오는 것만을 말하는 것이 아니야. 좋은 씨앗으로 멋진 수확물을 얻은 후 남겨진 것들이 죽어 다시 땅을 비옥하게 만드는 것이지.

결국 좋은 땅에서 씨앗이 잘 자라고, 좋은 씨앗이 잘 자란 후 죽어서 다시 좋은 땅을 만드는 거지. 이렇게 우리의 수업은 계속될 수 있지 않을까 싶어. 넌 어떻게 생각하니?

좋은 땅과 씨앗을 생각하는 경원이가.

#혁신학교 운동의 의미

#텃밭 가꾸기를 통해 우리가 생각할 점은?

#좋은 땅과 씨앗의 순환관계

11
교사의 삶과 수업

넌 교사의 삶과 수업이 얼마나 관련되어 있다고 생각하니? 수업 때문에 교사의 삶이 변하기도 할까?

교사가 되었으니 우리는 당연히 수업을 해. 그것도 아주 많은 수업을 하지. 초임 교사 때에는 주당 24시간 이상 수업하는 일이 일상이었어. 당시엔 월요일부터 토요일까지가 등교일이었으니 더 그랬지. 내가 유일하게 전담 교사를 한 시기가 있어. 그 당시에 난 전담보다는 담임을 하고 싶었지만, 학교 사정상 체육 전담 교사를 하게 되었어. 그때 내가 근무하던 학교엔 실내체육관도 없었기에 하루 종일 운동장에서 아이들과 체육 수업을 했지. 그것도 주당 24시간을 말이야. 하루 종일 운동장에서 아이들과 체육을 한다고 생각해 봐. 내 모습이 어떻게 달라졌을지 상상이 될까? 맞아. 난 누가 봐도 완전 체육인 그 자체였지. 구릿빛 얼굴색과 시커멓게 탄 팔뚝은 가릴 수 없을 정도였으니까. 그래서 5월이 지난 후부턴 아예 학교에 체육복을 입고 출근했어. 그렇게 일 년을 체육 교사로 살았어.

그다음 해부턴 내가 원하는 담임교사로 지낼 수 있었지. 그때, 가장 힘들다는 6학년을 처음 맡았어. 그전까진 6학년을 제외한 모든 학년의 담임을 맡았었는데, 6학년은 그때가 처음이었지. 그리고 이어서 3학년 담임을, 마지막엔 다시 6학년 담임을 하고는 그 학교에서의 생활을 마무리했어. 그런데 재밌는 건, 내가 맡은 학년에 따라 내 모습도 달라졌다는 점이야. 체육을 전담할 때는 영락없는 체육인의 모습이었다면, 3학년 담임을 할 땐 또 3학년 같은 느낌의 어른이랄까? 다시 6학년 담임이 되어선 다시 6학년 선배 같은 모습을 보였으니 말이야. 아마 너도 공감할 것 같아. 우리 주변에서 함께하는 동료 교사들을 보면 알 수 있어. 1학년 선생님들에게선 1학년의 새내기 같은 풋풋한 모습이 보이고, 6학년 선생님들은 6학년의 의젓한 선배 같은 모습이 보이는 것 말야. 그렇게 교사의 삶은 자신이 현재 함께하는 아이들, 현재 진행하는 수업과 닮아간다는 생각이 들어.

수업은 교사에게 주어진 최고로 중요한 일이야. 그래서 교사가 수업에 모든 것을 쏟아붓는 건 이상한 일이 아니지. 그렇기에 자신이 맡은 학년을 닮아가는 것은 교사로서 제대로 살고 있다는 반증이 아닐까? 3학년을 맡은 교사가 6학년이나 고등학생을 맡고 있는 교사처럼 보인다면 어떨까? 그런 모습의 담임교사와 3학년 아이들이 친해질 수 있을까?

    최근에 난 1학년과 수업을 하고 있어. 1학년 아이들 앞에서 난 이야기 속 작은 동물이 되어 실감 나게 연기도 하고, 다른 1학년 아이들처럼 노래에 맞춰 율동도 열심히 해. 아이들이 날 보며 즐거워할 정도로 말이지. 참고로 난 키가 188센티미터가 넘고 나이도 50을 훌쩍 넘었어. 그럼에도 1학년 친구들과 소통하는 데 전혀 어려움이 없지. 넌 어떻게 생각해? 물론 우리가 그 아이들과 똑같아질 순 없지만 비슷해지는 것 정도는 할 수 있지 않을까?

    교사의 삶과 수업이 진하게 연결되었다고 믿는 경원이가.

#학년에 따른 교사의 모습?

#교사의 삶과 수업은 연결되어 있을까?

#학년과 다른 교사의 모습이 아이에겐 어떻게 보일까?

12
교사의 뒷모습으로 만드는 수업

넌 혹시 네가 좋아하거나 소중히 하는 것들을 정리해 본 경험이 있니?

우리는 살아가며 좋아하는 것, 소중히 하는 것과 함께하며 행복해하지. 그런데 막상 무엇을 좋아하고 무엇을 소중히 하냐고 물어보면 대답이 금방 나오진 않아. 그래서 스스로 자신이 좋아하는 것, 소중히 하는 것을 정리해 보면, 자기가 행복해하는 것들에 대해 더 많이 이해할 수 있어.

얼마 전 아이들에게도 자신이 좋아하고 소중하게 생각하는 것을 표현하도록 하는 수업을 했어. 수업을 하기 전에 먼저 내가 좋아하고 소중하게 생각하는 것들을 정리했지. 나는 수업을 준비할 때 아이들이 하게 될 일을 내가 먼저 해 보는 것을 중요하게 생각해. 다양한 것들을 그림과 글자로 정리하다 보니 이런 생각이 들었어.

'내가 좋아하고 소중히 하는 것들이 그동안의 내 수업으로 만들어졌구나.'

교사는 수업을 하기 위해 관련 대학을 다니며 준비해. 다양한 교과 내용과 수업 방법론, 학생 이해 및 수업 이론을 배우지. 이렇게 준비한 것들이 실제 현장에서 잘 적용되기를 바라면서 말이야. 그런데 과연 그럴까? 너도 아마 대학 때 공부한 내용이 실제 현장에서 어떻게 적용되는지 체감하지 못하는 경우가 많았을 거야. 연관성이 아예 없는 것은 아닌데, 왠지 그것 말고 더 큰 영향을 주는 것이 있다는 느낌 말이야. 그렇다면 수업은 무엇으로 만들어질까?

수업은 교사가 가진 뒷모습으로 만들어진다고 생각해. 적어도 나의 경우를 돌아보면 그런 것 같아. 교사의 뒷모습이라는 것이 특별한 건 아니야. 대학을 다니며 배웠던 것일 수도 있고 그냥 살아가며 깨닫게 된 것도 해당될 거야. 자신이 좋아하고 개인적으로 탐구하던 것들도 있을 것이고, 세월과 함께 소중하게 여기게 된 것들도 있겠지. 굉장히 모호하고 복잡하지만, 이런 것들이 내 수업에 강력하게 영향을 주지. 그렇게 교사의 뒷모습이 수업이 되는 거지.

너의 뒷모습엔 무엇이 있을까? 지금 당장 펜을 들고 자기가 좋아하는 것, 또 소중히 여기는 것들을 정리해봐. 그림으로 그려도 되고, 글로만 써도 좋아. 그렇게 만들어진 자신의 뒷모습을 살펴보면 어쩌면 그 속에 네가 추구하는 수업이 들어 있지 않을까?

수업이 교사의 뒷모습으로 만들어진다고 생각하는 경원이가.

#좋아하고 소중하게 생각하는 것 정리하기

#교사의 뒷모습과 수업의 관계는?

#자신을 돌아보는 일은 중요해.

13
교사의 두 가지 모습

아이들과 수업을 할 때 넌 어떤 모습일까? 그리고 아이들은 너의 어떤 모습을 보면서 수업을 하는 걸까? 평소와 같은 모습이라고 말할 수도 있을 것 같고, 평소와는 다른 모습이라고 말할 수도 있겠지. 그러면 질문을 바꿔볼게. 아이들은 선생님을 볼 때 어떤 모습을 보는 걸까? 겉으로 보이는 모습일까, 아니면 보이진 않지만 선생님에게서 느껴지는 점들일까?

우리가 그동안 경험한 학교에서의 아이들, 특히 수업 시간에 만나는 아이들은 정말 특별한 눈을 가졌다고 생각해. 수업 시간은 많은 아이들 앞에서 교사가 보이는 상황이지. 그렇다 보니 교사는 자신의 모든 것이 노출된 채 아이들 앞에 서게 되지. 그리고 아이들은 그 특유의 맑은 눈으로 앞에 선 선생님을 살펴봐.

그런데 놀라운 것은 대부분의 아이들은 선생님의 겉모습만 보는 것이 아니라 선생님이 보여주고 싶어 하지 않는 모습까지도 본다는 점이야. 물론 지금 내가 이야기하는 것은 26년이 넘는 시간 동안 교사로 지내며 알게 된 느낌과 생각인 동시에, 그 자체로 사실이기도 해.

분명 같은 아이인데도 선생님에 따라서 대하는 태도가 달라지는 경우가 있어. 선생님마다 외모나 목소리 크기 등이 다르기도 하고, 아무튼 다양한 이유가 있을 거야. 그런데 외모나 목소리 크기와 같이 외적으로 보이는 것들은 시간이 조금만 지나도 아이에겐 큰 차별점이 되지 못해. 즉, 처음 만나서 낯설 때에나 보이는 것에 반응하는 거지. 그런데 외모도 특별하지 않고 목소리가 큰 선생님이 아닌데도 아이들이 그 선생님의 말에 계속해서 집중하고 따르는 경우가 있지. 왜 그럴까? 난 그 이유가 아이들이 선생님의 보이지 않는 모습을 보기 때문이라 생각해.

사람이라면 누구나 두 가지 모습을 동시에 가지고 있어. 이성적이고 사회적인 모습과 감정적이고 개인적인 모습 말이야. 아이들 앞에서 수업을 할 때면 우리는 이성적이고 사회적인 모습으로 만나야 한다고 생각하고 노력하지. 당연히 그래야 해. 수업은 사적인 행위라기보다는 공적인 행위에 가까운 활동이니까. 그리고 교사의 공적인 태도는 무척 중요한 요소이기도 하니까. 그런데 아이들은 그런 공적인 선생님의 모습만을 보지 않아. 선생님이 드러내지 않아도 아이의 눈엔 감정적이고 개인적인 모습까지 보이는 것 같아. 그건 그냥 본능 같은 것이 아닐까. 그냥 아는 것, 알게 되는 것 말이야. 그래서 교사는 보이는 모습만이 아니라 보이지 않는 모습까지도 신경 써야 하는 거지. 생각에 따라서는 너무 과도한 부담으로 느껴질 수도 있겠지만, 아이들이 어디에 반응하는지를 생각해 본다면 교사인 우리가 분명 신경 써야 할 부분이 아닐까 싶어. 넌 어떻게 생각하니?

교사의 두 가지 모습에 대해 고민하는 경원이가.

#이성적이고 사회적인 모습
#감정적이고 개인적인 모습
#아이는 교사의 어떤 모습에 더 많은 영향을 받을까?

14
사슬의 강도와 수업

오늘은 먼저 문제 하나를 낼까 해. 우리가 체인이라고 부르는 사슬 있잖아? 자전거 도난 방지용으로, 그리고 학교 현관문을 잠글 때에도 사용하는 쇠사슬 말이지. 그런 사슬의 강도(단단하기)를 결정하는 건 뭘까?

"A chain is only as strong as its weakest link."라는 영어 속담이 있어. 해석하자면 '사슬의 강도는 가장 약한 고리보다 강할 수 없다.' 정도 되겠네. 즉 아무리 강한 사슬이라 하더라도 약한 고리 하나의 강도가 그 사슬의 전체 강도를 결정한다는 이야기지. 처음 이 속담을 알게 되었을 때 난 교사의 역할, 수업의 쓰임에 대해 생각했어.

한 아이가 세상에 태어나. 그리고 그 아이는 자신만의 색을 가지고 세상과 연결되지. 연결된 모습이 꼭 체인처럼 생겨서, 무수히 많은 고리들이 그 사이에 연결되어 있지. 그중 어떤 고리는 무척 강할 거야. 타고난 재능으로 주변을 놀라게 하는 경우에 해당되겠지. 하지만 모든 고리가 다 튼튼하고 멋진 건 아닐 거야. 어떤 고리는 무척 약하게 만들어져서, 단단해질 때까지 시간이 필요한 경우도 있어. 다른 사람과 함께하는 일이 필요하다는 걸, 머리로는 알지만 마음이 따라주지 않거나, 자신의 생각을 적극적으로 표현해야 하는 것을 알지만 표현하려고만 하면 몸이 움츠러드는 경우같이 말이지. 고리가 없는 것이 아니라 약한 상태라는 거지. 그렇게 각각의 고리들이 연결되고 연결되어, 세상과 관계를 맺고 살아가. 난 그중에서도 약한 고리에 집중했어.

인간이 다른 생명들과 다른 점 중 하나는 교육이라는 행위를 통해 의도적으로 자신을 성장시킨다는 점이 아닐까? 다른 생명들에게도 교육이라고 볼 수 있는 행동들이 있을 거야. 하지만 인간처럼 조직적이고 체계적이며 지속적으로 성장하게 하는 교육활동은 없을 것 같아. 물론 내가 아는 범위에서 그렇다는 이야기야.

아무튼 난 교육이라는 행위가 가진 특별함을 항상 생각했어. 의도성을 가지고 자신의 약한 고리를 보완할 수도 있고, 강한 고리를 더 성장시킬 수도 있는 행위가 교육이라고 생각해. 그리고 수업은 약한 고리를 가진 아이의 고리가 단단해질 때까지 기다림을 주는 시간이 아닐까? 또 자신이 가진 단단하고 멋진 고리를 발견할 수 있도록 이끄는 시간이기도 하고 말이야. 그렇게 한 아이가 세상과 온전히, 단단하게 연결되도록 하는 시간 말이지. 어때? 너도 수업 시간을 이용해서 아이의 약한 고리를 붙잡고 기다려주고 있니?

아이의 약한 고리를 잡아주길 원하는 경원이가.

#사슬의 강도는 무엇에 따라 결정될까?
#한 생명의 탄생과 세상과의 연결
#수업은 어떤 의미를 가질까?

15
눈 눈 눈

혹시 수업 시간에 아이들의 시선 때문에 부담스러웠던 경험이 있어? 난 딱 한 해, 그랬던 적이 있어. 2014년에 연구년을 가지고 2015년 다시 학교로 돌아왔을 때였어. 마침 학교도 새로 옮겨가서 낯선 학교와 학생들을 만났지. 3월 첫날, 아이들과 인사하는데 아이들의 또렷한 눈동자가 엄청 부담스러웠어. 그동안 한 번도 아이들의 눈동자가 부담스럽다고 생각한 적은 없었는데 말이야. 물론 아이들과 시간을 보내면서 그 부담감은 자연스럽게 해소되었지만, 그때를 생각하면 다시 돌아가고 싶지는 않아. 꽤 당황스러웠으니까.

사실 아이들 한 명 한 명의 눈동자를 찬찬히 살펴보는 일은 생각보다 재밌어. 일단, 아이들 모두가 정말 예쁜 눈을 가졌다는 걸 알 수 있지. 어떻게 그렇게 맑은 눈동자를 가질 수 있는지 부럽기만 해. 나이가 들어가면 가장 먼저 나잇값을 하는 곳 중 하나가 눈이잖아. 나도 지금은 다초점 렌즈가 달린 안경을 쓰고 살아가. 이런 나에게 40개가 넘는 맑은 눈동자가 집중된다고 상상해 봐. 맑고 투명하며 순수한 눈동자 말야. 그럴 땐, 맑은 눈동자로 나를 바라보며 '선생님, 우리에게 더 멋지고 의미 있는 수업을 해주세요!'라고 말하는 것 같기도 해.

그런데 최근의 수업에선 아이들의 눈동자가 교사와 연결되는 경우가 적어지는 것 같아. 미래 교육이라는 이야기 속에 일어나는 일이야. 예전엔 인터넷을 하려면 컴퓨터실에 가야 했어. 하지만 요즘 교실엔 기본적으로 태블릿이나 작은 노트북이 아이들 한 명 한 명에게 주어져. 심지어 교과서도 디지털로 만들어서 사용하니 말이야. 이런 수업에서 아이들의 맑은 눈동자는 교사를 향하지 않아. 그저 밝게 빛나는 화면을 응시할 뿐이지.

예전에 어디선가 읽었던 책 내용 중에, 인간이 서로 소통할 때 상대방의 눈동자를 직접 응시하는 것이 무척 중요하다는 내용이 있었어. 정말인지는 모르겠지만 학교에서 아이들과 눈동자를 맞추며 수업했던 나에겐 꽤 의미 있는 이야기였어. 코로나로 힘겨웠던 시기 있잖아? 그 시기엔 대부분의 수업을 온라인 화상 수업으로 진행했지. 물론 화면으로도 아이들과 얼굴을 마주했어. 그런데 정말 놀라운 것은 그렇게 1년을 보낸 아이들에 대한 기억이 나에게 거의 없다는 점이야. 1년을 같이 보냈고, 비록 온라인이지만 서로 얼굴을 보며 수업을 했는데도 말이지.

아무리 기술이 발전하고 좋아져도 난 아이들과 직접 눈을 맞추며 만나고 싶어. 아이들의 다양하고 개성 있는 눈과 만나고, 같이 이야기하고 싶어. 너무나 당연한 일인데도 이제는 아이와 오랜 시간 눈을 맞추기 위해서는 의도적으로 노력해야 하는 현실이 안타까워. 하지만 난 계속해서 아이들과 눈을 맞추며 지낼 거야. 넌 어떠니?

아이들의 맑은 눈을 좋아하는 경원이가.

#아이들의 눈
#얼마나 오랫동안 눈을 맞추나요?
#미래 교육에서 사라지고 있는 것?

수업시간
내 앞의 상황

16
디지털 세상 속 이름이 있는 삶

점점 더 디지털화되어가는 세상 속에서 우리는 어떻게 살아가야 할까? 혹시 너도 이런 고민을 하는지 모르겠네. 디지털 기기에 익숙해서 이런 고민을 하지 않을 수도 있고, 디지털이 익숙하지 않아서 이런 고민이 심각할 수도 있겠지. 그런데 이 문제를 익숙함으로 나눌 수 있을까?

디지털 세상이 가진 장점은 참 많아 보여. 누구라도 편리하게 다양한 정보에 접근하고 이용할 수 있지. 먼 곳에 있는 사람들과도 쉽게 연결될 수 있고. 지금 내가 있는 장소를 넘어 세상 모든 것과 연결된다는 점이 디지털 세상의 가장 큰 장점 같아.

디지털이 빠르게 연결되는 주요 이유 중 하나는 0과 1로 모든 것이 표현되기 때문이 아닐까? 디지털 세상이 전 세계를 0과 1로 통일한 것 같다고나 할까. 그런데 말이야, 그래서인지 디지털 세상은 너무 쉽게 모든 것을 처리하는 모습도 가지고 있어. 쉽게 처리하다 보니 복잡하거나 오래 생각해야 할 부분은 점점 설 자리를 잃어가는 것 같아. 긴 글을 읽지 않는다거나, 최근엔 쇼츠 위주로만 영상이 소비되는 모습처럼 말이야.

이런 현상은 사람들에게서도 나타나. 최근 인기를 끌었던 방송에 등장한 사람들은 자신의 이름이 아닌 번호로 불렸지. 1호, 2호, 이런 식으로 말이야. 이름이 아닌 번호로 불리는 모습이 나에게는 너무 낯설기만 했어. 무명의 가수들이 경쟁을 펼치는 데 자신의 이름조차 사용하지 못하는 것 같아서 안타까웠어. 물론 여러 가지 이유가 있었겠지. 그렇지만 나는 이런 현상도 디지털화되어가는 세상과 관련되어 있지 않을까 생각했어.

세상에 태어나 처음으로 얻는 자신의 소유물이 바로 이름이야. 학교에 처음 입학해서 제일 처음 하는 활동은 당연히 이름을 부르고 확인하는 거고. 자기 이름이 선생님에게 불리고, 친구들에게 자신을 알리는 일부터 시작되지. 세상의 모든 것은 이름을 가짐으로써 존재를 인정받으니까. 그리고 내 이름은 다른 이름을 가진 존재들과의 연결점이 되지. 그래서 이름을 가지는 것은 세상에 나만의 뿌리를 내리는 일이기도 해. 그런 점에서 난 이름을 가지고 살아가는 것이 무척 중요하다고 생각해. 하지만 디지털에선 자신의 진짜 이름보다는 닉네임이나 의미 없는 숫자로 서로를 지칭하는 경우가 많잖아. 우리가 그렇게 점점 이름을 잃어가는 것 같아서 안타까워.

　이름을 사용하는 것은 디지털 세상 속에서도 자신의 근본을 잃지 않는 것을 말해. 자신의 근본을 잃지 않을 때 우리는 세상에 깊게 뿌리 내릴 수 있고, 변화의 바람에도 꿋꿋이 버틸 수 있지 않을까?

　미래 교육을 이야기할 때는 미래의 변화에 대한 대응 방안도 생각해야 하겠지만, 절대로 변치 않을 것, 변치 않아야 할 것들에 대해서도 깊이 고민해야 할 것 같아. 결국 이런 것들이 세상 깊숙이 들어가 나를 단단히 잡아줄 뿌리가 될 테니 말이야. 넌 어떻게 생각하니?

　　디지털 세상에서도 이름이 있는 삶을 살고 싶은 경원이가.

#디지털 세상에서 우리가 잃어가는 것은?
#이름을 가진다는 것의 의미
#빠르게 변하는 세상에서 우리가 진짜 고민할 것은?

17
속도가 아니라 목적지가 중요해

요즘은 온통 AI 이야기로 떠들썩해. 넌 어떤 마음이니? 2023년도 봄인가? 인공지능이 우리 삶에 엄청난 영향을 준다며 전 세계가 난리였잖아. 사실 인공지능이 우리에게 크게 한 방 먹였던 사건은 이미 2016년도에 있었지. 바로 이세돌 9단과 알파고의 바둑 대결 말이야. 하지만 그때와는 비교할 수 없을 정도로 이제 인공지능과 디지털은 우리 생활 속에 깊숙이 자리 잡고 있는 것 같아.

디지털은 누구나 쉽게 접근할 수 있어! 조금만 배우고 익히면 멋진 문서도 쉽게 만들 수 있고, 최근엔 인공지능을 활용해서 다양한 이미지도 금세 만들 수 있지. 복잡한 이론이나 외국의 논문도 인공지능의 도움을 받으면 쉽게 이해할 수 있도록 안내받을 수 있고. 예전에는 이런 혜택이 선택받은 사람들에게만 주

어졌는데, 이젠 그렇지 않아. 완전히 새로운 세상이 되었다고 해도 무방해. 그렇다는 건 새로운 세상에 어울리는 삶의 방식을 생각해야 한다는 의미이기도 하지.

예전엔 내가 원하지 않아도 나에게 주어진 운명에 따라 결정되어버리는 것들이 많았어. 운명이 개인적인 핸디캡이 되어 사람들을 옥죄었지. 모두가 원하는 특별한 목적지를 향할 때에도 걸어서 가는 것과 비행기를 타고 가는 것이 능력보다는 운명에 의해 결정되었지. 운명에 따라 어쩔 수 없이 걷기부터 시작해야 하는 사람은 비행기를 타고 간 사람을 쫓아가려면 더 많이 노력해야 했어. 속도가 중요한 세상이었지.

그런데 세상이 변했어. 디지털 세상은 속도에 있어서는 누구나 동등한 시대를 만들었어. 누구나 쉽게 원하는 정보를 찾을 수 있고, 멋지게 생산할 수도 있는 세상이니까. 운명의 영향력이 많이 약해졌다고 할까. 그러면 지금 같은 세상에서 중요한 것은 뭘까?

난 지금 세상에서 가장 중요한 것은 목적지를 제대로 설정하는 것이라고 생각해. 예전엔 특별한 목적지가 제한적이었어. 모두가 원하는 목적지가 거의 비슷했지. 그렇다 보니 속도가 빠른 사람들이 먼저 도달할 수 있었고. 하지만 지금의 세상은 다양하면서도 특별한 목적지가 수도 없이 많아. 그래서 내가 어떤 목적지를 정하느냐가 정말 중요한 시대야. 그러니까 내가 가고자 하는 목적지가 의미 있고, 가치 있는 것이었으면 좋겠어. 누군가 알려준 목적지를 향해 의미도 모르면서 무작정 달려가는 것이 아니라, 제대로 된 목적지를 좇을 수 있도록 말이야.

수업도 마찬가지야. 정말 의미 있고, 가치가 있으며 모두가 책임질 수 있는 수업 목표를 정하고 나아가는 것. 지금의 시대를 살아가는 교사가 가져야 할 수업의 모습이지 않을까?

인공지능의 시대, 목적지의 중요성을 생각하는 경원이가.

#시대의 변화

#속도의 차이

#목적지의 차이

18
걷기와 수업

 넌 걷는 것을 좋아하니? 난 걷는 것을 무척 좋아해. 날씨가 좋을 땐 어디론가 한없이 걷고 싶어. 그래서 난 아침마다 학교에 출근하면 학교 주변을 한 바퀴 돌며 걷지. 매일매일 걷다 보니 이젠 하루의 시작을 알리는 루틴이 됐어.

 걷는다는 것은 천천히 움직이는 것을 말해. 힘을 빼고, 하늘하늘 바람에 반응하며 걷지. 그냥 아무런 생각 없이 걷다가 우연히 만나는 것들에 관심을 가지고, 사진도 찍으면서 말이야. 이렇게 하루의 업무가 시작되기 전에 걷는 일은 나에게 너무 많은 도움을 줬어.

 수업에는 고도의 사고능력과 심리적 힘이 필요해. 많은 수의 아이들과 함께하는 수업이지만 동시에 개인별로 맞춰서도 진행해야 하니까. 교실이라는 제한된 공간에서 이뤄지지만 온 세상과 연결된 개방된 공간이기도 해야. 굉장히 역설적인 공간과 상황이 동시에 존재하는 것이 수업이지. 이렇게 역설적인 상황에서 즉각 반응하면서 목적을 이뤄나가는 것은 정말 쉽지 않아. 그래서 교사의 일에는 고차적인 능력이 필요해. 보이는 것보다 스트레스도 크고.

이런 상황을 1, 2년만 경험하는 것이라면 그럭저럭 버티면 될 거야. 그런데 이런 상황을 10년, 20년, 30년 버텨야 한다면? 아무런 대책 없이 계속 이런 상황 속에서 지낼 순 없어. 역설적인 상황을 지탱하고 버틸 수 있는 무언가가 필요하다는 생각이 들 거야. 난 그 무언가가 자신에게 온전히 집중하는 시간, 혹은 명상의 시간이 아닐까 생각해. 그리고 난 걸으면서 그 시간을 채우지. 나에게 걷기란 자신에게 집중하는 시간이자 명상의 시간이니까.

수업에서 받는 부담과 스트레스, 불안감은 누구에게나 있어. 26년 넘게 수업을 해온 나에게도 당연히 존재해. 부담과 불안감을 없앨 수 있다면 좋겠지만, 그럴 수 없다는 것도 잘 알 거야. 그렇다면 방법은 하나야. 스스로 해소하는 방법을 찾는 것. 난 걷기를 통해 불안과 스트레스를 해소하고 있어. 걸으면 내 고민들이 발을 통해 거대한 엄마 품 같은 세상 속으로 녹아 들어가는 것 같아. 이렇게 해소된 마음은 다시 다른 수업을 하는 데 힘이 되고, 성장의 기틀이 되겠지. 넌 무엇으로 해소하고 있을까? 네 이야기도 듣고 싶어.

걷기를 통해 수업을 지속할 수 있다고 생각하는 경원이가.

#걷기와 수업

#걷기의 특징과 장점

#걷기를 수업에 적용하는 방법은?

19
동료와 수업

네가 근무하는 학교는 어느 정도 규모일까? 너무 큰 학교는 한 학년에 8개 반 이상이 있고, 너무 작은 학교는 1개 반 정도밖엔 없어. 그렇다 보면 동학년 동료 교사들과 함께하며 성장하는 데 어려움이 생기지. 너무 작아도, 너무 커도 말이야.

초등학교의 경우 각 교실에서 선생님 혼자 다양한 교과 수업을 해. 그렇다 보면 자신이 현재 진행하는 수업이나 활동에 대한 객관적인 평가가 어려워져. 그럴 때 같은 학년의 동료 교사는 서로에게 무척 중요한 역할을 해주지. 자신의 수업에 대해 비슷한 처지의 누군가와 마음을 터놓고 이야기할 기회를 얻을 수 있으니까. 그렇게 서로 의지하며 수업을 만들어가는 것은 무척 중요해.

난 2010년부터 2022년까지 계속해서 6학년 부장으로 지냈어. 동 학년과 함께 학년 교육과정을 만들고, 함께 만든 수업을 앞장서서 이끄는 역할을 맡았지. 이런 나와 함께하고 싶다며 일부러 찾아오는 선생님도 있었지만, 보통은 어쩔 수 없이 동 학년이 된 경우가 많았어.

처음엔 그렇게 같은 학년이 된 선생님들이 힘들어하시는 모습이 많아서 안타까웠어. 그럴 때마다 내가 할 수 있는 일은 하나. 내가 더 뛰고 더 열심히 준비하는 것이었어. 혼자 학교에 남아서 자료를 정리해야 하는 경우도 많았지만 나는 개의치 않고 그렇게 준비한 것을 모두와 아낌없이 나누며 부담을 덜어드리려고 했어. 또 학년에 문제가 생기면 제일 먼저 나서서 함께하는 모습을 보이기 위해 노력했지.

이런 노력이 어떻게 다가갔는지는 나도 장담할 수 없지만, 최소한 함께하는 시간 동안에는 서로 의지하며 지낼 수 있었던 것 같아.

'그렇게 하면 손해 아닌가요?'라고 누군가 물어볼 수도 있어. 만약 내가 했던 행동을 손해라고 생각했다면 난 절대로 하지 않았을 거야. 혼자 남아서 자료를 정리한 건, 내 작은 노력이 모두에게 도움이 된다면 얼마든지 할 수 있다는 마음이 있었기에 가능했던 거지. 그리고 실제로 모두에게 도움이 되는 모습을 보면서 정말 기뻤지. 나에게 동 학년 동료 교사들은 무척 소중한 존재였거든. 나를 성장시키고 나를 지탱할 수 있도록 하는 존재 말이지.

어느 날, "부장님, 우리한테도 일을 주세요. 부장님 혼자 다 하지 마시고요."

라는 말을 들었어. 그 말을 들으면서 기분이 좋았어. 동료 선생님들께 도움이 되려고 노력하는 것을 알아주시는 것 같아서.

어때? 넌 이런 경우에 어떻게 하는지 궁금하다. 언제 기회가 되면 이야기 들려줘.

동료와 함께하기 위해 노력한 경원이가.

#동료와 함께

#궂은일 먼저 하기

#동 학년과 수업의 관계

20
심해어와 수업

우연히 다큐멘터리 프로그램을 보다가 심해어에 대해 알게 되었어. 깊은 물속에서 살아가는 심해어는 어떻게 그 엄청난 수압을 견디는지 말이야. 넌 이미 알고 있었니?

심해어가 깊은 바닷속에서 살아갈 수 있는 이유는 두껍고 단단한 피부나 뼈를 가져서가 아니래. 만약 인간이 잠수함을 타고 깊은 바닷속으로 들어간다고 상상해 봐. 우리는 잠수함을 더 튼튼하게 만들어서 수압을 견디려고 하겠지. 그런데 심해어는 오히려 얇고 부드러운 피부와 뼈를 가졌다고 해. 그리고 부레가 없거나, 부레 속에 기름을 채워서 높은 기압의 변화를 견딘다고 해. 우리가 알고 있는 물고기의 부레엔 당연히 공기가 있어야 하고, 공기를 넣었다 뺐다 하면서 수중에서 생활하는 일반적인 물고기와는 다른 것이지.

부레에 공기가 아닌 기름이 채워져 있다는 건 풍선 안에 물을 가득 채우고 물속에 넣는 것과 같은 이치일 거야. 공기가 들어 있는 풍선은 깊은 곳으로 갈수록 공기가 압축되어 터지겠지만, 물이 가득 든 풍선은 깊은 물속에서도 멀쩡할 수 있으니까. 심해어는 자기가 살아가는 곳에 공기가 없으니 공기 대신에 주변과 비슷한 물질을 채운 것처럼 보였어. 그리고 난 이것을 수업과도 관련 지을 수 있을 거라고 생각했어.

우리가 수업을 할 때면, 다양한 자료와 수업 사례들을 참고해. 세상에 알려진 유명한 것들을 아이들에게 소개해 주고 싶은 마음도 있고, 그것이 지금 세상의 트렌드라 생각하기도 해. 그런데 문제는 그런 것들이 바로 내 주변에 있는 것이 아닐 경우가 많다는 점이야. 우리 모두가 알고 있는 유명 스타는 있지만 그 스타가 내 이웃인 경우는 거의 없잖아? 난, 교육이 가져야 할 중요한 책무 중 하나는 자신의 주변을 살펴보고 함께하는 일이라 생각해. 그러려면 지금 내 주변과 어울리며 내 주변의 것들이 수업에 들어와야 하는 것이지. 심해어가 다른 물고기와는 다르게 부레 속에 액체를 채워 살아가는 것도, 자신이 현재 처한 환경과 함께해야 살아갈 수 있다는 것을 알기 때문일 거야.

그래서 교사의 수업은 지금 내가 사는 곳, 지금 내가 함께하는 사람들과 만들어가는 것이 중요해. 더 많은 관심을 가지고 주변을 살펴보는 일이 그래서 필요하지. 넌 어때? 지금 네 주변과 넌 얼마나 연결되어 있을까?

지금 내 주변과 함께하는 수업을 원하는 경원이가.

#지금 내가 있는 곳과 수업
#심해어가 살아가는 방법
#난 내 주변에 얼마나 관심을 가지고 있을까?

내 주변과
비슷한 물질로
나를 채워 살아가는
심해어처럼

21
전문성의 의미와 수업

"교사는 전문가인가요?"

누가 이렇게 물어보면 넌 어떻게 대답하니? 물론, 우리는 대학을 다니며 교수님에게 배웠어. 교사는 전문직이라고 말이야. 그런데 세상도 우리를 그렇게 인정할까? 왠지 전문직이라면 더 많은 보수와 대우를 받아야 할 것 같은데, 교사는 그렇지 않잖아. 그러면 전문직이 아닌 걸까? 이렇게 물어봐도 대답하기 힘들어. 그래서 난 생각했어. 전문직이고 아니고를 떠나서, 먼저 전문성의 의미가 무엇인지를 말이야.

보통 우리가 가진 환상 같은 것이 있어. 바로 전문직이라고 불리려면 높은 보수와 대우가 있어야 한다는 생각 말이지. 하지만 난 전문직을 그렇게 구별하고 싶지는 않아. 높은 보수와 대우만으로 전문직을 나눈다면 사기를 쳐서 돈을 왕창 번 사람도 전문직이 될 수 있잖아? 그리고 직업에서 높은 보수와 대우가 전부도 아닐 테고 말이지. 그래서 전문성의 의미를 생각해 보는 거야. 전문성이 있다는 건 무엇을 말하는 것일까?

난 일정 수준 이상의 바람직한 성과를 계속해서 유지하는 것이 전문성의 중요한 척도라고 생각해. 단단한 바위 같은 인상이랄까? 누가 흔들어도 흔들리지 않을 큰 바위 말이야. 전문성을 가진 사람은 자신이 가진 재능을 꾸준히 발휘하며 살아가. 쉽게 휘둘리지 않으며, 가장 기본적이고 중요한 것을 꽉 잡고 가는 사람 말이지. 교사의 전문성도 이런 관점에서 보면 좋겠어.

수업할 때, 어떤 날은 아주 멋지고 황홀할 정도의 수업을 해. 그래서 그렇게 흥분되는 수업을 한 자신을 칭찬하지. 그런데 어떤 날엔 수업을 이끄는 게 아주 어렵고, 어디서부터 이 수업을 다시 돌아봐야 할지 모를 정도로 힘든 경험을 해. 그럴 때면 자신을 책망하며 힘겨워하지. 혹시 너도 이런 경험이 있을까? 난 이렇게 저점과 고점이 높아서 그 편차가 심하다면 전문성과 거리가 있다는 생각이야. 전문성은 저점과 고점의 차이가 크지 않고 일정 수준 이상의 바람직한 성과를 계속해서 내는 것이야. 흔들리지 않는 바위처럼 말이지. 그래서 신체적, 정신적으로 힘든 개인적인 사정이 있어도, 학교 안팎에 어려움이 산재해 있어도 언제나 일정 수준 이상을 유지하는 것이 전문성의 중요한 덕목이라 생각해.

수업을 하는 교사는 수업 전문성을 가지고 있으면 좋아. 어떤 상황에 놓여 있더라도 수업의 질은 항상 보장될 수 있을 테니까. 그렇게 안정적이고 높은 수준의 수업을 꾸준히 하는 것은 아이들에게도 무척 중요한 일이지. 어때? 넌 수업 전문성을 가지고 있는 것 같니?

전문성의 의미에 대해 항상 생각하고 실천하려고 노력하는 경원이가.

#전문가의 조건?

#전문성과 교사

#난 수업 전문성을 가지고 있을까?

전문가의 모습은?

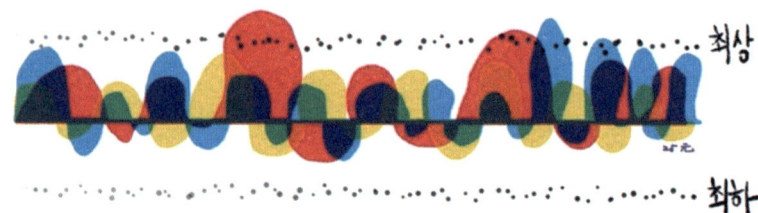

22
차근차근 수업

넌 몇 학년 담임을 할 때가 가장 좋았니? 참, 그 전에 넌 몇 학년 담임을 해 봤을까? 난 10년 차 교사가 되었을 때, 1학년부터 6학년까지 모든 학년의 담임을 거쳤어. 담임을 한다는 것은 그 학년의 수업을 한다는 의미이기도 하지. 그렇다 보니 저학년과 고학년의 수업에는 조금씩 다른 부분에 포인트가 있다는 것을 알게 되었지.

사실 난 어떤 학년을 해도 크게 어렵거나 불편하지 않았어. 물론, 주로 6학년을 오래 했지. 뭐 특별한 이유가 있었던 것은 아니야. 학교에서 6학년 부장 교사를 할 사람이 없을 때면 그냥 내가 한다고 했기 때문이지. 아무튼, 6학년과 같은 고학년 수업을 오래 했기에 고학년 수업이 가진 특징을 좀 더 자세히 말할 순 있어. 그리고 최근엔 수석교사가 되어 전 학년 수업을 진행해. 그러면서 예전의 기억과 더불어서 저학년의 특징도 말할 수 있게 되었지.

저학년의 수업과 고학년의 수업에서 가장 크게 차이가 나는 점은 일단 내용의 폭과 깊이의 차이야. 고학년 담임을 맡은 교사는 매일매일 교재연구를 충실히 해야 해. 물론 중고등학교와 같은 깊이를 가져야 한다는 이야기는 아니야. 초등학교 교육과정의 특성은 한 과목만을 전공으로 하지 않으니까. 대신에 초등학교에선 다양하게 연관되는 내용에 대해 연구하고 수업에 들어가야 하지. 물론 교과서 속 내용만을 가지고 수업을 할 수도 있어. 하지만 교과서와 관련된 다양한 개념들까지 교사가 알고 접근한다면 훨씬 풍부한 수업이 될 수 있지.

저학년 담임을 맡고 있는 교사는 교재연구보다는 아이에 대한 이해가 먼저 되어야 해. 특히 1, 2학년의 경우엔 이 또래 아이들이 가진 특징을 분명히 알고 접근해야 하지. 그래서 내용을 많이 준비하기보다는 활동의 과정에서 아이가 어떤 식으로 반응할지를 생각하고, 어떻게 접근하게 할 것인지에 집중하는 것이 더 좋아.

또 다른 점은 고학년은 열린 질문이나 안내된 탐구가 가능하다는 점이야. 아이 스스로 자율성을 발휘하게 할 여지가 크지. 목표는 제시하되 그 과정을 아이가 스스로, 혹은 아이와 교사가 함께 만들어가는 수업이 가능하고, 또 필요해. 그에 비해 저학년의 수업에선 아이가 목표를 달성하기 위해 필요한 과정을 구조적으로 제시해야 해. 쉽게 말해서 차근차근 접근하는 방법이 좋아. 아직은 스스로 문제를 해결하기보다는 문제를 해결해 나가는 과정을 경험하는 것이 필요하니까.

노련한 교사는 저학년 아이들에게도 적절한 자유 탐구의 기회를 줄 수 있어. 하지만 그러려면 개별 아이에 대해 교사가 충분히 이해하고 있어야 해. 그래서 일반적으로 저학년 담임을 맡은 교사가 수업 준비에 더 많은 시간이 걸려. 아이에게 단계적으로 제시할 자료들을 세세하게 만들어야 하니까. 물론 고생스럽기도 하지만, 그 단계를 차근차근 따라온 아이들이 보이는 멋진 미소를 만나게 되지. 어때? 고학년과 저학년 수업 중 너에게 잘 맞는 수업 형태는 무엇일까?

저학년과 차근차근 수업을 하기 위해 준비를 엄청 많이 하는 경원이가.

#저학년에 맞는 수업은?

#고학년에 맞는 수업은?

#자신에게 잘 맞는 수업 형태는?

23
프로젝트 수업

　너 혹시 프로젝트 수업에 대해 어떻게 생각하니? 많은 선생님이 프로젝트 수업이 분명 효과적인 수업이라고 생각하면서도 선뜻 도전하지 않아. 그만큼 신경 써야 할 부분도 많고 운영상의 어려움도 있으니까. 그런데 난 이런 프로젝트 수업을 15년이 넘게 해오고 있어. 물론 나도 프로젝트 수업을 진행하려면 신경 쓸 것도 많고, 챙길 것도 많아. 하지만 난 그 모든 것을 감수하면서 계속 프로젝트 수업을 하려고 해. 왜일까?

　일단, 프로젝트 수업에 대한 오해가 있는 것 같아. 아마 '프로젝트 수업'이라는 말을 들으면 뭔가 복잡하다는 생각이 들기 때문이 아닐까 싶어. 왜냐하면 프로젝트 수업은 실제로 일반적인 수업과는 달리 여러 교과가 연결되어 있어서, 수업 계획도 복잡하게 세워야 할 것 같으니 말이야. 그런데 프로젝트 수업은 그런 형식이 중요한 수업이 아니야. 여러 교과를 연결하고 수업 계획이 복잡하게 구성되어야 하는 것이 아니라, 아이들과 진심으로 할 수 있는 수업이 바로 프로젝트 수업이라고 생각해.

킬 패트릭이라는 학자가 있었어. 이분이 이런 이야기를 했다고 해. '프로젝트 수업은 수업의 형식이 아니라 수업을 바라보는 관점의 문제'라고 말이지. 난 이 말에 완전히 동의해. 내가 어떤 관점을 가지고 수업을 바라보느냐가 중요한 거지. 내가 오랫동안 프로젝트 수업을 지속해 올 수 있었던 것도 방법과 형식을 잘 알아서가 아니야. 내가 생각하는 수업의 모습을 구현하고 싶은 마음 때문이지. 난 내가 어떤 수업을 원하는지 잘 알고 있어.

학교에서 공부하는 것은 '교과'로 구분되어 있어. 각 교과는 해당 교과만의 특징이 있지. 수학, 과학, 사회, 국어 등이 가진 특징 말이야. 그렇다 보니 수학은 수학답게, 과학은 과학답게 가르치고 배우는 것이 일반적이지. 그렇게 해야 각 교과의 내용을 깊이 있게 다룰 수 있다고 믿으니까. 그런데 정말 그럴까? 과학을 과학답게만 가르치면 정말 과학 교과의 목표에 도달할 수 있을까? 만약 과학이라는 교과를 너무 싫어하는 학생은 과학 시간마다 어떻게 해야 할까? 난 이런 문제를 해결하고 싶었어. 그리고 그 해결책 중 하나가 프로젝트 수업이었지.

어떤 교과를 공부하든 그 교과 자체가 목표라는 생각은 하지 않았어. 나에게 수업은 교과를 이용해서 우리 삶에 필요한 기술을 익히는 것이기 때문이야. 삶에서 맞닥뜨리는 일들 중 수학만, 과학만, 사회만 사용되는 경우는 없어. 마트에서 물건을 하나 구입할 때도 수학에서 배운 내용과 과학이나 사회, 그리고 국어에서 배웠던 내용이 동시에 필요하잖아. 특히 초등학교처럼 기초와 기본이 강조되는 교육에서는 더 중요한 부분이라고 생각해. 이런 생각을 가지고 있다 보니 나는 자연스럽게 프로젝트 수업을 할 수밖에 없었지.

프로젝트 수업은 우리가 항상 강조하는 삶과 연계된 수업을 하기에 수월한 특징이 있어. 또 삶과 연결된 수업은 아이들에게도 진심으로 참여할 기회와 가능성을 열어주지. 그렇게 교사와 학생이 함께 진심으로 수업을 만들어갈 수 있어. 그래서 내가 생각하고 원했고 실천했던 프로젝트 수업은 언제나 마음이 제일 중요해.

넌 어떤 수업을 원하는지 궁금하네.

마음으로 만들어가는 프로젝트 수업을 좋아하는 경원이가.

\#교과별 특징

\#마음으로 연결된 교과

\#교과를 위한 교육과 교과를 통한 교육

24
세 번의 기회

혹시 이런 말 들어봤니? "누구나 인생에서 세 번의 기회를 가진다."라는 말. 난 처음에 이 말을 듣고 그 세 번의 기회가 무엇을 말하는지 몰랐어. 주변 사람들은 그 세 번의 기회를 돈을 벌 수 있는 기회로 생각한다는 것만 알았지. 넌 어떻게 생각하니? 우리에게 세 번의 기회가 주어진다는데, 그것이 어떤 기회라고 생각하니?

시간이 흐르고 나이가 들어가면서 나는 자연스럽게 그 세 번의 기회에 대해 나름의 생각을 가지게 되었어. 교육을 담당하는 사람이다 보니 자신을 바람직한 방향으로 돌려놓는 기회로 생각했어. 그리고 모든 기회는 '만남'과 관련되어 있어.

내가 생각한 첫 번째 기회는 '선생님과의 만남'이야. 우리나라 국민이라면 거의 대부분 학교를 다니고 교육을 받아. 결국 학교에서 선생님을 만나게 되지. 초등학교에서부터 고등학교, 그리고 대학까지 우리는 꽤 많은 선생님들과 만나게 돼. 난 그 선생님들 중 한 분은 분명히 내 인생을 돌아보게 만드는 분이라고 믿어. 그 선생님과의 만남을 통해 내 삶의 모습을 바람직하게 바꾸어갈 첫 번째 기회를 얻게 되는 것이지.

두 번째 기회는 '사랑하는 사람과의 만남'이야. 사랑하는 사람과 만나 결혼을 하거나, 결혼까지는 아니더라도 진정으로 사랑하는 사람을 만나게 되면 그 자체로 자신을 바꿀 수 있는 기회를 얻는 것이라는 생각이야. 사랑하는 사람을 위해 기꺼이 자신을 바꿀 수 있는 에너지를 얻게 되니까 말이야. 그렇게 그동안의 내가 아닌 사랑한 이후의 나로 변할 수 있으니 말이지.

내가 생각한 세 번째 기회는 '자녀와의 만남'이야. 자녀를 키우는 많은 학부모님과 이야기를 나누며 알게 된 사실인데, 내 속으로 낳은 자식이라도 내 맘대로 되지 않는다는 거야. 머리론 알고 있었지만 실제로 자녀를 키우며 그걸 실감한다는 이야기를 많이 들었어. 내 맘대로 안 되는 자녀를 보며 부모님들 대부분은 결국 자신을 바꿔. 자녀를 통해 자신을 돌아보고 자신을 바꿔나가는 기회를 얻게 되지.

어때? "우리는 살아가며 세 번의 기회를 얻는다."라는 말에 대한 내 해석이. 사람은 완벽한 존재가 아니고, 계속해서 바람직한 방향으로 변화해야 한다고 생각해. 그런 의미가 담긴 나만의 해석이랄까? 특히 첫 번째 기회가 선생님과의 만남이라 생각하니 더 막중한 책임감이 느껴져. 넌 어떻게 생각하니?

세 번의 기회 중 두 번의 기회는 잘 잡았다고 생각하는 경원이가.

#인생 세 번의 기회?

#네가 생각하는 기회는?

#난 몇 번의 기회를 잡았을까?

25
수업 후 이야기 : 경원쌤의 알콩달콩 팁

교사와 아이

아이 교육에서 많은 이들이 착각하는 부분이 있습니다. 아이는 미숙하기에 미래를 위해 배워야 한다는 생각 말이지요. 물론 틀린 말은 아닙니다. 아직 경험이 부족한 아이들은 바른 판단을 하기에 어려움이 있으니까요. 하지만 그렇다고 해서 아이들이 그저 미숙하기만 한 존재는 아닙니다. 어쩌면 어른보다 더 제대로 지금을 살아가는 존재이자 어른의 길잡이가 아이들이 아닐까 싶습니다.

요한 크리스토프 아놀드, 《아이들의 이름은 오늘입니다》, 포이에마, 2014.

배움의 용기

학교가 시간이 지날수록 더 복잡하고 어려운 일로 가득해집니다. 예전에도 공문이 있었고 교사들은 지금보다 더 많은 수업을 했지만, 요즘이 더 바쁜 것 같습니다. 많은 이유가 있겠지만 그중의 하나는 새로운 것을 하려면 기존의 것을 버릴 수 있어야 하는데도 우리가 그 선택을 주저하기 때문입니다. 물론 시대를 초월해서 반드시 지키고 가져가야 할 것이 있겠지요. 하지만 기본이 아니라 유행처럼 하던 일이라면 내려놓고 갈 수 있는 용기도 필요한 시기입니다.

류시화, 《지금 알고 있는 걸 그때도 알았더라면》, 열림원, 2014.

자연 속 인간

세상을 보는 여러 가지 방법이 있습니다. 그중에서 생명을 보는 눈을 가지고 세상을 바라본다면 우리는 더 풍성하고 가치 있는 삶을 살 수 있으리라 생각합니다.

조병범, 《생명을 보는 눈》, 자연과생태, 2022.

부드러움

수업에서 부드러움은 친절함으로 표현됩니다. 친절한 교사는 모든 아이들이 좋아하는 교사입니다. 하지만 친절하다는 것이 모든 일에 허용적인 태도를 말하는 것은 아닙니다. 원칙을 지키고, 해야 할 일은 철저히 하지만 부드럽게 하는 것을 말합니다. 아이들은 친절한 교사와 함께 배울 때 더 편안한 분위기 속에서 잘 배울 수 있습니다.

하이타니 겐지로, 《상냥한 수업》, 양철북, 2018.

고마워

누군가를 칭찬하거나 누군가에게 도움이 되는 말을 하는 것은 분명 좋은 일입니다. 하지만 '고맙다'는 말보다 더 좋은 말을 전 찾지 못했습니다. 언제 어디서든 고맙다는 말을 하며 살아간다면 나와 내 주변의 모든 존재가 행복해지리라 생각합니다.

에언스트 프리츠-슈베어트, 《행복부터 가르쳐라》, 베가북스, 2011.

긴 호흡의 수업과 빛

무엇인가를 배운다는 것을 흔히 '빛'으로 나아가는 것과 연관 지어 말하는 경우가 많습니다. 아이들과의 수업은 쉽지 않습니다. 하지만 아이들은 또한 빛나는 말과 행동을 수업에서 보여준답니다. 수업 속 빛나는 순간들을 많이 만나는 교사로 살아가길 바랍니다.

최무연, 《교육과정 수업 평가, 수업을 디자인하다》, 행복한미래, 2024.

빛나는 존재 되기

"우리 인간은 모두 별빛을 쏟아냈던 별 가루로 만들어진 단일종족이다 (We are one species. We are star stuff harvesting star light)."

칼 세이건(Carl Sagan, 1980)

빛나는 색 되기

사소해 보이지만 다른 것들이 세상엔 많습니다. 다양한 색을 가지는 것과 다양한 빛의 색을 가지는 것이 다른 것처럼 말입니다. 그래서 우리가 흔히 접하는 모든 것을 다시 생각해 보고 성찰하는 일이 중요합니다.

가치 있는 수업

예전에는 사회의 모든 어른들이 공통된 가치를 가르쳤습니다. 마을과 가정에서 기본적이고 필수적인 가치들을 배운 것입니다. 그런데 최근 우리 사회에서는 학교가 아니면 가치를 제대로 배울 곳이 없어지고 있습니다. 그래서 예전보다 가치 중심 수업이 더 많이 필요한 시대가 바로 지금이 아닌가 생각합니다.

텃밭 씨앗의 자람과 수업

밭에서 크게 자란 식물은 우리에게 열매를 주고 나면 다시 흙으로 돌아갑니다. 그렇게 새로운 흙의 영양분이 되는 것입니다. 우리의 교육도 깊은 뿌리와 큰 줄기가 자란 후 열매를 맺고 다시 우리의 교육을 살찌울 수 있다고 생각합니다. 지금 내가 하는 교육에 대한 노력은 사라지는 것이 아니라 그다음으로 연결되고, 영향을 준다는 것을 잊지 않았으면 좋겠습니다.

교사의 삶과 수업

교사는 어른입니다. 하지만 교사가 주로 만나는 사람은 아이들이지요. 그래서 교사는 어른이지만 아이의 모습도 가지고 있어야 합니다. 또 남자 교사이지만 여자 같은 모습도 가져야 하고, 여자 교사이지만 남자 같은 모습도 있어야 합니다. 아이들과 함께 살아간다는 것은 자신의 본모습에 더해 아이들의 모습까지 가지는 것이기도 합니다.

교사의 뒷모습으로 만드는 수업

교사에게 가장 중요한 능력 중 하나는 성찰적 능력이 아닐까요. 반성적 사고라고도 부르는 성찰적 사고는 자신에 대해 끊임없이 알아가는 과정입니다. 성찰적 사고를 위해 다양한 종류의 책이나 영화, 드라마 등을 활용하는 것도 좋습니다. 다양한 매체를 접하다 보면 내가 미처 생각하지 못한 것을 깨달을 때가 있습니다.

박웅현, 《책은 도끼다》, 북하우스, 2014.

교사의 두 가지 모습

사람과 사람 사이의 감정적 영역은 무척 중요합니다. 어른과 어른 사이에서는 쉽진 않더라도 자신의 감정을 잘 숨기며 지낼 수도 있습니다. 하지만 아이들 앞에 선 교사는 아무리 감정을 잘 숨겨도 아이들이 알아챕니다. 그래서 자신의 감정을 잘 다독이고 수업에 들어가는 것이 중요합니다.

전미정, 《상처가 꽃이 되는 순서》, 위즈덤하우스, 2012.

사슬의 강도와 수업

교육은 자연스러운 현상이라기보다는 의도적인 활동이라 생각합니다. 인간은 다른 존재들과 다르게 교육을 통해 살아가는 데 필요한 지혜를 배워야 하니까요. 혼자서도 충분히 살 수 있겠지만 함께하는 교육을 통해 약하거나 필요한 부분을 더 채울 수 있을 것입니다. 특히 아이에게 필요한 부분을 찾아서 교육이라는 이름으로 버텨주는 것이 필요합니다. 그러려면 아이에 대해 더 깊이 공감해야 할 것입니다. 아이의 마음으로 말입니다.

안진영, 《맨날맨날 착하기는 힘들어》, 문학동네, 2013.

눈 눈 눈

누군가를 사귀는 일, 누군가와 친해지는 일은 아주 개인적인 일이란 생각이 듭니다. 그럴 때 가장 중요한 것은 실제 만남의 시간일 것입니다. 아무리 고화질의 영상이라 하더라도 눈동자 너머의 깊이까지는 전달되지 않을 것이기 때문입니다. 학교에서는 너무도 당연하게 아이들과 눈을 마주칩니다. 서로 눈을 마주치는 일이 얼마나 소중한 일인지 생각해 보면 좋겠습니다.

맥스 반 마넨, 《가르침의 묘미》, 학지사, 2022.

디지털 세상 속 이름이 있는 삶

디지털 세상에서 살아가는 것은 아날로그 세상에서 살아가는 것과 많이 다릅니다. 일대일의 관계보다는 일대다의 관계가 더 자연스럽고, 개인의 정체성이 정해져 있기보다는 정체성이 모호한 세상이 디지털 세상입니다. 동 시간의 즉각적인 반응이 아니라 시간이 지난 후에 반응해도 좋은 세상이며, 누구나 쉽게 모임에 포함될 수도 있고 나갈 수도 있는 세상이 디지털 세상이지요.

디지털 세상이 가진 장점이 분명 있습니다. 하지만 그렇기 때문에 우리가 잃어버리는 것도 있을 것 같습니다. 장점을 활용하는 것과 동시에 우리가 잊어버리지 않아야 할 것들도 잘 챙길 수 있기를 바랍니다.

만프레드 슈피처, 《디지털 치매》, 북로드, 2013.

조너선 하이트, 《불안 세대》, 웅진지식하우스, 2024.

속도가 아니라 목적지가 중요해

출생과 운명에 따라서 살아가던 세상이 끝나고 자신의 의지와 생각의 전환으로 세상을 살아갈 수 있는 시대가 되었습니다. 누군가에게, 무엇인가에 의존하는 것이 아니라 스스로 자신을 돌볼 수 있고, 길을 찾아갈 수 있는 사람이 되도록 교육하는 일이 무척 중요합니다. 그래서 우리나라 교육과정에서는 항상 '주도성'을 중요하게 다루고 있습니다. 주도성의 필요성에 대해 더 많이 고민했으면 좋겠습니다.

걷기와 수업

　세상은 혼자 살아가는 곳이 아닙니다. 하지만 혼자만의 시간이 필요하기도 합니다. 짧은 시간이라도 좋습니다. 자신만의 시간, 자신만의 루틴을 가져본다면 분명 오래 지속될 수업의 길에 도움이 되리라 생각합니다. 자신을 잘 돌보는 일은 가장 중요한 일입니다.

박경숙, 《문제는 무기력이다》, 와이즈베리, 2013.

동료와 수업

　동료를 얻는다는 것은 그저 조직에 함께 속하는 것만으로는 되지 않습니다. 함께하는 동료가 나에게 얼마나 중요한지 생각하고, 소중한 동료를 위해 내 어깨를 기꺼이 빗방울에 내어줄 수 있을 때 진정한 동료를 얻을 수 있습니다.

　학교는 섬들이 모인 곳일 수 있습니다. 각자의 교실에서, 각자의 교과에 묶여 있는 섬 말이죠. 각각의 섬이고 교과이지만 우리는 그 사이에 다리를 놓을 수 있습니다. 그렇게 이어진 다리들이 각각의 우리를 하나로 연결해 줍니다. 누가 먼저 다리를 놓는지는 중요하지 않습니다. 누가 먼저랄 것 없이 지금 먼저 다리를 놓으며 섬을 이어갔으면 좋겠습니다.

조경숙, 《내가 섬이었을 때》, 월천상회, 2024.

심해어와 수업

인터넷의 발달로 세상과 연결된 학습 환경을 가지게 되었습니다. 이제 클릭 한 번으로 지구 반대편의 세상과 만날 수 있습니다. 그렇게 우리는 세상에서 가장 유명한 곳, 핫한 곳을 알고 있습니다. 하지만 지금 내가 살아가는 곳은 그곳이 아닙니다. 지금 내가 있는 곳, 지금 내가 만들어가는 이야기에 먼저 집중해야 합니다. 세상의 이야기도 중요하지만 자신의 이야기가 더 소중하다는 것을 잊지 말기를 바랍니다.

김정태, 《스토리가 스펙을 이긴다》, 갤리온, 2010.

전문성의 의미와 수업

전문가와 아마추어의 차이점은 무엇일까요? 아마추어는 자신이 잘하는 일에만 집중하지만 전문가는 잘하는 것만이 아니라 지금은 잘 못하더라도 노력해서 일정 수준 이상을 해내는 사람입니다. 전문가의 길은 멈춰진 길이 아니라 계속해서 변화하는 길을 찾아가는 것이라 생각합니다.

김정운, 《에디톨로지》, 21세기북스, 2014.

차근차근 수업

다원화된 세상에서 자유롭게 살아가는 것이 좋아 보입니다. 하지만 자유롭기만 한 것은 오히려 자신과 타인에게 불편함을 초래하기도 합니다. 그래서 자유로운 것만큼 체계적으로 정리된 것도 필요합니다. 학교에서 수업을 할 때도 이 두 가지가 조화를 이루도록 해야 합니다.

베른하르트 부엡, 《왜 엄하게 가르치지 않는가》, 뜨인돌, 2014.

프로젝트 수업

전국의 많은 학교와 연수원에서 프로젝트 수업에 대한 이야기를 했습니다. 많은 곳에서 저에게 프로젝트 수업을 구성하는 방법을 소개해 달라고 했습니다. 하지만 전 항상 프로젝트 수업의 구성 방법보다는 왜 프로젝트 수업을 하게 되었는지를 설명했습니다. 그리고 제 이야기를 듣고 자신의 방법으로 프로젝트 수업을 하시는 많은 선생님들과 만날 수 있었습니다. 최용수 선생님, 안현준 선생님의 책을 소개합니다.

최용수 외, 《교사 교육과정, 이게 뭐지?》, 휴먼 컬쳐아리랑, 2019

안현준, 김지현, 《수업도 여행처럼! 프로젝트 수업 왕초보를 위한 PBL프로젝트 수업 재미있게 하기》, 광문각출판미디어, 2025

세 번의 기회

어린 시절, 학교를 다니며 친구를 만나고 공부하는 일은 중요합니다. 그리고 학생이 선생님을 만나는 일도 너무 중요한 일입니다. 혹시 지금이라도 내 인생의 선생님이 생각난다면 오늘 바로 연락해 보시기 바랍니다. 내 인생의 첫 번째 기회를 주신 선생님에게 말입니다.

 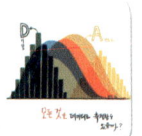     

   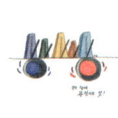 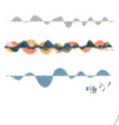

수업 중 편지

: 아이들과 함께하는 당신에게 드립니다!

1
질문과 수업

혹시 너도 이런 생각을 해봤니? '수업은 무엇으로 시작될까?' 같은 생각 말이야. 단순하게 생각하면 수업은 이미 정해진 교육과정을 따라서 진행되는 것처럼 보이지. 하지만 실제로는 그렇게 단순하지 않잖아? 난 수업의 시작은 '질문'이라 생각해.

질문이 중요하다는 이야기가 최근에 많이 들려. 그래서 많은 선생님이 학생들로부터 질문을 잘 끌어내는 방법을 고민하고 계시지. 질문과 관련된 공부도 많이 하시고 말야. 어떤 선생님은 아이들이 질문을 하지 않는 건 질문하는 방법을 몰라서 그렇다고 생각하고, 놀이처럼 질문하는 법을 가르치기도 해. 난 이런 시도가 모두 좋다고 생각해. 하지만 질문이 중요하다고 말하면서도 막상 질문이란 무엇인지에 대해선 깊이 논의되지 않는 것 같아서 아쉬웠어. 그래서 질문이 무엇인지 생각해 보았어.

수업은 학생이 익혀야 할 내용을 알게 하는 것을 넘어 과거와 현재, 미래의 삶에 영향을 주는 행위야. 과거는 수업을 통해 새롭게 해석되고 받아들여질 수 있으니, 과거도 포함했어. 이런 중요한 수업에서 질문이란 단지 학생이 손을 들고 궁금한 점을 물어보는 것만은 아니라는 것이 내 생각이야. 그래서 질문의 의미를 생각했고, 나름의 대답을 찾았지.

'질문'을 한자로 쓰면 '質問'이야. '질' 자를 잘 살펴보면 '도끼 근(斤)' 자가 두 개 있고 그 아래로 '조개 패(貝)' 자가 있어. 그림으로 그린다면 도끼 두 자루를 들고서 조개를 내려다보는 모습이랄까? 그렇다면 그다음엔 무슨 일이 생길까? 맞아, 아마 도끼로 조개를 팍! 깨뜨릴 거야. 그러면 조개는 밑바닥을 다 보여줄 수밖에 없겠지. 그래서 '질문'의 '질'은 '바닥(바탕)'이라는 뜻을 가지고 있어. 이렇게 질문의 의미를 유추하니 '가장 바닥까지 내려간 의문을 질문이라고 하는 것 아닐까?'라는 생각이 들었어.

수업 내용을 넘어 삶과 연계된 질문은 수업을 특별하게 만들어. 그래서 수업에서의 질문은 이 수업이 과거와 현재, 미래와 만날 수 있도록 안내하는 문과 같은 존재야. 그리고 질문을 통해 학생도 수업에 본격적으로 참여할 수 있어. 질문에 대한 답은 교사만 찾는 것이 아니라 학생도 찾아가는 것일 테니 말야.

질문의 답을 찾아가다가 다른 질문과 만날 수도 있겠고.

그만큼 질문의 힘은 큰 것 같아. 넌 어떻게 생각하니?

질문의 진짜 의미를 생각하는 경원이가.

#누가 질문 중일까?

#질문과 학생의 관계

#수업과 질문의 관계는?

2
'S'와 수업

"와! 이제 수업 끝났다! 이제 이 단원은 다 끝났으니 다음 단원으로 출발!"

혹시 한 단원이나 교과의 수업이 끝났을 때 나처럼 기뻐했던 기억이 있을까? 초임 교사일 때는 나도 이런 식으로 수업을 생각했어. 단원의 시작이 수업의 시작 시간이라면 단원 마지막 시간을 하고 나면 수업이 끝나서 기뻤던 기억 말이야. 넌 어때?

그런데 교사로 살아오면서 초임 교사 때의 그런 생각은 많이 달라졌어. 어느 순간부터 수업의 시작과 끝은 언제인지 의문이 생겼기 때문이야.

수업은 보통 시작하는 날짜가 있고 끝나는 날짜가 있지. 단원이 시작될 때

또는 교과의 첫 시간이 시작하는 날이고, 단원이 끝나거나 교과가 끝날 때가 끝나는 날이니까. 그런데 어느 순간부터 분명 수업이 끝났는데도 왜인지 끝난 것 같지 않다는 생각이 들었어. 무언가가 더 남아 있는 것 같은데, 그게 뭔지 몰라서 답답한 느낌이랄까? 이렇게 느끼게 된 시기는 내가 기존의 수업 방식이 아니라 프로젝트형 수업을 하면서부터였어.

프로젝트형 수업을 시작하면서 그전엔 느껴보지 못했던 수업의 감각을 얻을 수 있었어. 아이들의 반응도 이전에 진행하던 수업에서의 반응과는 달랐지. 다양한 이유가 있겠지만, 기본적으로 프로젝트형 수업이 가진 특징 때문이라 생각해. 프로젝트형 수업은 다양한 사고 수준과 행위가 수업에 들어오고, 삶의 문제까지도 다루는 수업이야. 아이들과 함께하는 프로젝트형 수업은 일반 수업보다 더 많이 준비해야 하고, 더 많이 고민하며 만들어가야 했지. 하지만 그랬기에 수업에 관한 생각에도 변화가 찾아왔어.

난 수업이 시작점(Start)인 동시에 끝점(Stop)이라 생각해. 수업은 우리가 배워야 할 것을 알려주고 끝내는 Stop 지점이면서, 동시에 수업을 통해 어떻게 살아가야 할지 고민하게 하는 Start 지점이기도 하지. 시작과 끝이 서로 붙어 있어서 계속 순환되는 모습이랄까? 다른 말로 끝나지 않는 '네버 엔딩 스토리' 같다는 생각이 들어. 그래서 아이들에게 이런 이야기를 많이 했어.

"이제 이 단원과 내용은 끝났지만 지금 이 순간은 출발의 순간이기도 해. 우리가 공부한 내용과 의미를 앞으로도 계속 생각하고 실천해야 하는."이라고 말이야.

너무 꼰대 같은 소리일까? 넌 어떻게 생각해?

수업을 시작과 끝이라고 생각하는 경원이가.

#'S'로 시작되는 반대되는 두 단어?
#수업의 끝은 정말 끝일까?
#수업의 끝과 새로운 시작의 관계

3
에너지와 수업

수업 시간에 우리는 에너지를 얼마나 사용할까? 내가 가진 에너지를 충분히 사용하고 있을까? 만약 충분히 사용하고 있지 못하다면 그 이유는 무엇일까? 수업 시간에 아이들이 보이는 모습을 보며 가끔 이런 생각을 했어. '저 아이는 자신이 가진 에너지를 충분히 사용하고 있을까?' 같은 생각 말이야.

아이들 중에는 학교 공부보다 게임 하는 것을 더 좋아하는 친구들이 많아. 그런데 내가 경험한 바로는 게임에 빠져 있는 아이가 공부도 잘하는 경우(?)가 많았어. 음, 더 정확하게 표현하면 공부를 잘할 가능성이 높은 아이라고 해야겠지. 그래서 게임이 아닌 수업이나 학습에 집중하면 그동안 못했던 것도 단숨에 따라잡지. 그때부터였던 것 같아. 수업 시간에 사용하는 에너지를 생각하기 시작한 것은.

수업에 집중하는 데는 많은 에너지가 필요해. 수업 시간에 온전히 몰입해서 공부한 뒤엔 완전히 힘이 빠져버리는 경우도 있지. 그래서 교사는 수업 시간에 아이가 자신의 에너지를 온전히 사용하도록 하는 데에도 신경을 써야 해. 그런데, 어떻게 해야 그럴 수 있을까? 아마 여러 가지 방법이 있을 거야. 신기하고 재밌는 놀이를 한다거나, 신체 활동을 주로 하여 충분히 움직이게 한다거나 하는 방법 말이야. 그런데 문제는 언제나 재밌는 수업만 하거나 매번 신체 활동만 할 수는 없다는 점이지. 그래서 난 수업을 좀 다르게 구성했어.

무엇을 배우든, 지금 배우는 것과 직접적으론 상관 없어 보이는 것들이 실제로는 서로 연결되어 있다는 걸 생각하도록 만들었어. 예를 들어 자연환경을 주제로 공부할 때는 자연환경이 제국 시대 식민지 개척에 영향을 주었다거나, 연소와 소화를 공부하면서는 인간이 가진 직업의 의미를 생각하게 했어. 지금 공부하는 것을 넘어 더 일반적이고 확장성이 큰 차원의 것들과 연결해서 공부한 거지. 그렇게 하니 아이들의 태도와 반응은 달라졌어. 일단 신기해했고, 다음에는 서로 달라 보이는 것들이 어떻게 연결되었는지 스스로 알아내려고 고민했으니까. 그 고민의 시간만큼 아이들은 자신의 에너지를 사용해야 했지. 계속해서 머리를 써야 했다는 의미야. 꼭 게임을 할 때 계속해서 머리를 써야 하는 것처럼 말이야.

우리가 공을 튀길 때, 작은 힘으로 공을 던졌을 때와 큰 힘을 써서 공을 던졌을 때가 다르잖아? 큰 힘을 가했을 때 더 많은 에너지가 생기고, 그만큼 더 오래 움직이지. 그래서 수업 시간에 아이가 많은 에너지를 사용하도록 하는 것은 중요해. 에너지를 사용하는 시간만큼 수업에 더 오래 머무를 수 있으니 말이지. 물론 그런 수업을 하려면 교사가 먼저 진짜 많은 에너지를 먼저 사용해야 해. 공을 세게 튀겨야 하니까 말이야. 그래도 아이들이 수업에 푹 빠져 있는 모습을 보면 피로가 금방 풀리기도 하니⋯ 한번 도전해 보지 않을래?

수업 시간에 더 많은 에너지를 사용하기를 원하는 경원이가.

#게임을 하는 이유는?

#아이의 에너지와 수업

#수업 시간에 충분히 에너지를 사용하게 만들려면?

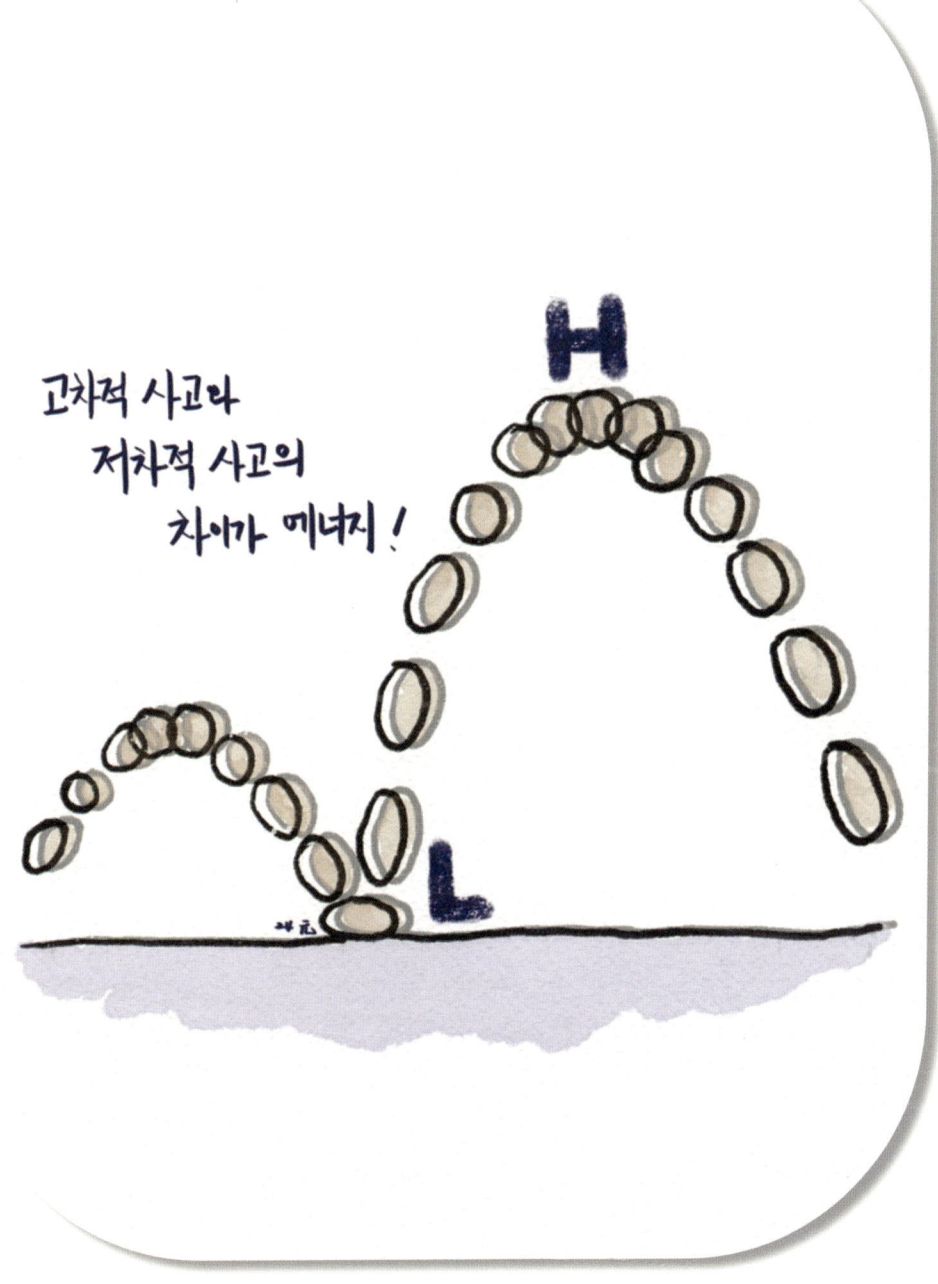

4
꿈과 현실 사이의 비어 있는 공간

　넌 어릴 때 꿈이 뭐였어? 내 어릴 때 꿈은 '탐험가'였는데, 지금은 교사가 되어 있네. 꿈은 그냥 꿈으로 끝나는 건가 싶었는데, 잘 생각해 보니 교사도 탐험가 같다는 생각이 들었어. 아이들의 세상을 탐험하는 어른이라고 할까?
　아무튼, 사람들은 모두 꿈이 중요하다고 이야기해. 그리고 큰 꿈을 가지라고도 이야기하지. 그런데 왜 꿈을 가져야 하고, 더구나 큰 꿈을 가져야 하는 걸까?

　꿈은 현실과는 다르지. 현실이 바닥이라면 꿈은 저 높은 어딘가에 있는 것이야. 그래서 꿈을 가진 사람은 현실이라는 곳을 딛고 올라가 꿈이라는 높은 곳을 향해 나아가. 그러려면 현실을 박차고 날아야겠지? 당연히 자신이 가진 에너지를 많이 사용해야 더 높이 날 수 있을 테고. 결국 꿈을 가진 사람이 꿈이 없는 사람에 비해 더 많은 에너지를 사용해야 한다는 걸 알 수 있어. 꿈을 가진 자는 꿈을 가지지 않은 자에 비해 더 열심히 세상을 살아간다는 거지.

그렇게 생각하면, 이왕이면 큰 꿈을 가지라는 이야기로도 연결돼. 사실 내가 생각할 때 더 정확한 표현은 '큰 꿈'이 아니라 '높은 꿈'이지만 말이야. 이건 꿈을 크기로 보는 게 아니라 우리가 날아가서 도달해야 할 지점으로 보는 거지. 그래야 현실을 딛고 뛰어 올라가는 나를 상상할 수 있으니까.

꿈과 현실 사이의 공간이 클수록 우리는 더 높은 꿈을 가진 것이 되겠네. 꼭 비어 있는 공간이 있어야만 그곳을 채울 수 있다는 이야기 같아. 꿈이 없거나, 꿈이 너무 소박하고 낮아서 현실과의 사이가 좁은 경우라면 담을 수 있는 것도 그만큼밖엔 안 될테니 말이야.

수업도 꿈처럼 공간이 필요해. 지금 배우는 내용에 머무르는 수업이 아니라, 그 수업의 내용이 더 높은 차원의 내용과 연결된다는 걸 경험하게 하는 거야. 개별적인 사실과 더 높은 차원의 개념 사이에 있는 빈 공간이 클수록 아이는 더 많은 생각과 에너지를 사용해야 해. 그렇게 아이의 배움과 꿈은 성장하는 거겠지.

그래서 넌 꿈이 뭐였어? 궁금하네.

꿈을 높은 곳에 두고 열심히 발 구르기를 하는 경원이가.

#꿈과 현실 사이의 거리

#수업의 모습과 꿈

#꿈에 관해 설명할 수 있는 사람 되기

5
무지개와 수업

비가 갠 후, 저 먼 하늘에 작은 무지개가 보이네. 난 무지개를 볼 때마다 과학적인 원리보다는 무지개와 관련된 상상의 나래를 펴는 편이야. 넌 어때? 너도 나처럼 무지개를 보며 감상에 젖는 스타일인지 궁금하네.

어릴 땐 무지개 너머에 진짜 뭔가가 있다고 생각했어. 그래서 동네 저편에 무지개가 나타났을 때 무작정 뛰어서 가보려고 했던 적도 있었지. 달리기엔 자신이 있어서 금방 도착할 줄 알았는데, 그렇진 못했지. 그때부터 난 아름다운 무지개를 좋아했나 봐. 그런데 왜 무지개는 아름다울까?

과학적인 현상에 관한 이야기는 접어두고 그냥 무지개만을 보며 생각해 봐. 무지개는 아름다운 색을 일곱 가지나 가지고 있어. 빨강, 주황, 노랑, 초록, 파랑, 남색, 보라색 이렇게 말이지. 아무리 과학적인 현상이라 하더라도 어떻게 저렇게 색이 잘 나뉘어 있는지 볼 때마다 신기해. 그런데 만약 무지개가 이런 색으로 구분되지 않고 어떤 땐 빨강만 있고, 어떤 땐 파랑과 노랑만 있는 무지개가 뜬다면 어떨까? 다른 색은 없어지고 몇몇 색만 남기고 말이지. 아마 지금처럼 무지개를 아름답다고 생각하지 않았을 것 같아. 그냥 다들 자기가 좋아하는 색이 뜬 무지개만을 좋아했을 것 같네. 그래서 무지개가 일곱 가지 색으로 항상 떠 있는 것이 중요하다고 생각해. 모두가 다른 존재이지만 모두가 필요한 존재인 것처럼 말이야.

아이와 함께하는 수업을 할 때면 무지개를 생각해. 모두가 다른 존재이지만 모두가 필요한 존재가 바로 내 앞의 아이들일 테니 말이지. 수업을 한다는 건, 이렇게 서로 다르지만 모두가 소중한 존재들과 함께하는 일이야. 서로 다른 색을 가졌다고 질투하지도, 비교하지도 않으며 각자의 색을 멋있게 표현하는 장소와 시간이 수업 시간이지.

무지개는 일곱 가지 색으로 만들어졌지. 하지만 지금 내 앞엔 스무 가지가 넘는 색의 아이들이 빛나고 있어. 어때? 네 앞에도 그런 아이들이 보이니?

무지개를 좋아하는 경원이가.

#무지개가 아름다운 이유

#무지개와 아이들

#무지개 너머엔 무엇이 있을까?

6
리듬이 중요해

아이들이 수업 시간을 힘들어할 때 넌 어떤 생각을 해? 난 아이들이 힘들어하는 것이 이해가 되면서도 안타까워. 그래서 힘들어지지 않도록 노력하지. 그런데 어떤 노력을 하는지 궁금해할 것 같아서 이렇게 편지로 써.

수업 시간을 힘들어하는 아이에게 내가 내리는 처방은 사실 수업 시간에 내리는 처방이 아니야. 수업 시간은 이미 아이가 선택할 수 없는 시간이잖아. 누구나 학교에 나오면 수업에 참여해야 한다는 현실 말이야. 그래서 수업 시간 중엔 아이가 힘들어하는 부분을 해결해 줄 수 없어. 일단은 수업을 해야 하니 말이지. 그 대신에 수업하기 전 시간과 수업이 끝난 후에 아이에게 필요한 부분을 안내해. 바로 생활의 리듬을 맞출 수 있도록 하는 거야.

수업을 힘들어하는 아이는 대부분 아침에 학교에 나오는 것 자체를 힘들어해. 아마 본 적이 있을 거야. 그런데도 막상 학교에 나오면 친구들과는 잘 지내는 아이 말이지. 하지만 아마 학교에 나오지 않아도 된다고 하면 그 아이는 학교에 나오지 않을걸? 아무리 친구들과 놀 수 있다고 이야기해도 말이지. 난 그 이유를 '리듬'에서 찾아.

누구나 자신만의 생활 리듬을 가지고 있어. 몇 시에 자고, 몇 시에 일어나는 등의 생체리듬, 앉아 있거나 서서 돌아다닐 때를 느끼는 리듬까지.

세상에 태어난 모든 존재는 각자의 리듬이 있다고 생각해. 아이의 경우 처음 태어났을 땐 집에서 보호받으며 자라고, 처음엔 모두가 아이의 리듬에 맞춰주지. 그래서 갓난아이를 키우는 집 부모들은 제대로 된 잠을 자기 힘들어. 아이의 생활 리듬에 맞춰주다 보면 자신의 리듬은 깨져버리니까. 하지만 아이는 자라면서 자연스럽게 사회의 리듬, 공동체의 리듬에 맞춰가지. 사회화의 시작이랄까?

학교에서 수업 시간을 힘들어하는 아이의 근본적인 문제는 아이의 생활 리듬이 학교의 리듬과 맞지 않는다는 점이야. 아이는 자신이 가진 개별적 리듬을 공동체가 가진 리듬에 맞추는 것에 아직 서투르니까. 그래서 수업 전이나 후의 시간 관리를 통해 학교의 리듬에 맞출 수 있도록 안내해. 이럴 때 중요한 것이 부모님과 교사의 협력이야. 아이의 생활 리듬은 결국 가정에서부터 시작되니까 말이지.

수업 시간을 힘들어하는 아이가 있다면 먼저 아이의 평소 생활 리듬을 체크해 보면 좋겠어. 분명 좋은 해결책을 찾을 수 있을 거야.

수업 시간을 힘들어하는 아이를 생각하며 경원이가.

#개인적 리듬

#사회와 학교의 리듬

#수업을 힘들어하는 이유는?

7
배우다

 우리가 흔히 사용하는 '배우다'라는 말에 대해 생각해 본 적 있니? 일단 '배우다'라는 말은 한자어가 아니야. 그렇다면 순우리말이란 의미겠지? 국어사전에서 뜻을 찾아보면 새로운 지식이나 교양을 얻거나 새로운 기술을 익힌다는 내용으로 나와 있어. 우리가 익히 알고 있는 의미지. 그런데 난 좀 다른 생각을 했어. 배운다는 것엔 다른 중요한 의미가 있다는 생각 말이야.

 일단 '배우다'라는 말의 어원을 생각해 보았어. 왜 우리는 무엇인가를 익힌다는 것을 '배우다'라고 말할까 고민했지. 그래서 형태와 의미가 비슷해 보이는 것을 찾아보았어. 그리고 찾은 단어가 '배다'야.
 '배다'에는 스며들거나 스며 나온다는 의미와 더불어 여러 가지 의미가 있어. 그리고 국립국어원 표준국어대사전에 나온 '배다'의 의미 맨 마지막엔 이렇게 되어 있어.

"배다 → 배우다"라고 말이야.

스며들거나 스며 나온다는 의미로 쓰이는 '배다'가 '배우다'의 의미와 관련 있다는 내용을 보고 내 머릿속에선 뭉글뭉글 푹신푹신한 스펀지가 떠올랐어. 우리가 스펀지를 물에 담글 때, 아무리 노력해도 내가 원하는 대로 물을 빨아들이지 않잖아? 스펀지는 예측할 수 없는 방향으로 물에 닿는 순간 물을 빨아들이지. 난 이런 스펀지의 모습이 '배우다'의 의미라는 생각이 들었어. 그리고 수업 시간에 우리 아이들 한 명 한 명의 마음이 그렇게 배우며 흡수하는 모습을 떠올렸어.

넌 어떻게 생각해? 사실 이런 생각을 하게 되면 교사의 위치가, 교사의 수업이 너무 엄청난 일이 돼버려. 내가 원하지 않는 부분까지도 아이에게 전달된다는 것을 잊지 말아야 하니까 말이야. 그래도 난 그것이 '배우다'의 진정한 의미면 좋겠어. 그리고 그 의미에 부합하도록 노력할 거야. 우리, 함께하지 않을래?

'배우다'라는 단어에 꽂힌 경원이가.

#배우다의 어원

#배우다의 의미

#교사의 수업 무게

8
교사의 삶과 수업

초임 교사 때부터 꽤 오랫동안 난 수업에 대한 고민이 있었어. 수업의 깊이가 더 깊어지지 않는다는 사실에 절망하고 있었지. 그렇게 생각한 이유는 수업이 아이의 삶에 별로 영향을 주지 못하는 것 같아서였어. 열심히 가르쳤는데도 아이들의 행동이나 생각이 그다지 성장하지 못한 것 같았으니 말이야. 그런 마음이 커질수록 수업에 대한 자신감은 떨어지고, 수업을 하는 것에 대한 의미도 찾기가 힘들어졌지. 그런데 이런 내 고민을 해결할 수 있었던 것은 수업에 대한 이론이나 연구가 아니라 아이들과의 관계를 통해서였어.

보통 자신의 수업을 개선하기 위해 교사는 수업과 관련된 연수를 듣거나, 수업 내용에 대한 전문성을 높이기 위해 노력해. 이런 교사의 노력은 분명 필요하고 당연한 것이지. 그런데 문제는 이 방법으로 어느 정도까지는 수업을 개선하는 효과를 볼 수 있겠지만, 한계도 명확하다는 점이야. 아무리 많은 연수를 듣고 공부해도 넘어갈 수 없는 벽 같은 것을 만나게 되는 거지. 처음엔 나도 그랬어. 수업에 대한 내 고민을 연수나 공부가 해결해 줄 거라고 생각했거든. 하지만 일정 수준 이상의 단계를 넘어가지 못하고 주춤대는 내 모습만 확인했어. 그러면 이 문제를 어떻게 해결했을까?

수업엔 교사와 아이가 함께하지. 결국 수업엔 교사와 아이라는 핵심적인 존재의 만남이 있는 거고. 그 만남을 통해 서로의 관계가 설정되고, 그 관계가 수업의 질을 좌우한다고 볼 수 있지. 그렇다면 교사와 학생의 관계는 어때야 할까? 아마도 이 부분을 해결하는 것은 '서로가 깊은 관계를 맺고 유지하려면 어떻게 지내야 할까?'라는 질문에 대한 답이기도 할 거야. 그리고 서로가 균형 잡힌 관계일 때만 깊이 있는 관계를 맺고 유지할 수 있다는 것이 바로 그 답일 거야.

그건 교사와 학생은 분명 다른 존재이지만 동시에 같은 존재이기도 하다는 것을 인식하는 것이기도 해. 교사의 세상과 학생의 세상이 따로 존재하는 것이 아니라 두 세상이 얽혀 있음을 인정하는 거지. 학생은 교사에게 자신의 모든 것을 가지고서 다가와. 학업에 대한 부분만이 아니라 개인적인 삶의 문제까지도 말이야. 그건 교사 또한 자신의 모든 것을 가지고 학생에게 다가서야 한다는 의미지.

난 그렇게 해서 점점 아이들과 함께하는 사람이 되었고, 깊이 있는 수업을 경험할 수 있었어. 또 연수와 공부로도 채우지 못했던 부분을 채워나갔어.

넌 어떻게 생각하니?

학생과 함께하는 교사로 살아가자고 다짐하는 경원이가.

#교사와 학생

#교사와 학생의 관계와 수업의 질

#깊은 관계와 깊이 있는 수업

9
함께 만들어가는 앎

혹시 이런 이야기를 들어봤니?

"세계에 대한 '앎'이 아니라 세계와 '함께' 만들어가는 앎."

최근 기후 위기가 우리의 삶에 영향을 주고 있지. 그래서 지금까지와는 다른 형태의 삶에 대해 고민해야 한다고 이야기하며 많은 학자, 시민들이 모여서 그 방안을 찾고 있어. 그 과정 중에서 나온 말이라고 알고 있어. 처음 이 문장을 접했을 때 나는 그 의미가 가진 중요성을 충분히 느끼거나 생각하지 못했어. 하지만 시간이 지날수록 이 문장이 가진 깊은 의미가 내 마음을 움직였어. 그리고 그 마음은 수업을 바라보는 마음과 연결되었지.

지금까지 우리의 배움은 세계를 바라보고 대상화한 뒤에, 그것에 대해 공부하는 거였어. 내가 가르치고자 하는 것과 떨어져서 객관적이고 합리적인 위치에 자신을 두고서 배움을 생각한 거야. 근대화의 중요한 화두는 합리성과 객관성이기도 하니까. 그렇다 보니 가르치고 배워야 할 것들이 나와는 멀리 떨어진 존재가 돼. 내 삶과 유리되어 대상화되는 거지. 그리고 이런 배움은 교사와 학생의 관계에도 영향을 주지. 교사는 교사고 학생은 학생이라는 개인적인 태도를 가지게 되니까 말이야.

그동안 우리는 상대방을 대상화하는 것을 너무도 당연하게 받아들이고 있었어. 거기에 어떤 문제가 있는지는 전혀 생각하지 않았지. 대상화로 인해 얻을 수 있는 객관성과 합리성이 다른 모든 문제는 허용해도 될 만큼 많은 혜택을 우리에게 줬으니까.

대상화가 아니라 함께 만들어가는 앎을 위해서는 그동안 우리가 절대적으로 믿어온 객관화, 합리화에 대한 의심부터 시작해야 해. 지금까지 당연하게 받아온 혜택을 포기해야 할지도 몰라. 데이터로 측정되고 많은 사람이 행하는 것이니 당연히 받아들여야 한다는 생각에서 탈출해야 할 거야. 그리고 지금의 우리에게 진정 필요한 것이 무엇인지 생각하고, 그 속에서 일어나는 다름과 차이를 발견하고 인정하는 것부터 함께 해야 하지.

배움엔 교사와 학생이 따로 존재하지 않아. 하지만 교사와 학생은 분명 달라. 그러면서 같은 것을 필요로 하는 존재이기도 하지. 이것을 받아들이면 교사는 아이들의 세상으로 들어가, 그들과 함께할 수 있어. 그렇게 서로 다르지만 함께하는 존재로 배워나갈 수 있어. 네 생각은 어떠니?

대상화가 아닌 함께하는 수업을 생각하며. 경원이가.

#기후 위기와 수업

#객관화와 합리화를 넘어

#대상이 아닌 함께하는 수업은?

아이들 비상
속으로 들어간
교사의 수업

10
손잡고 수업

　수업을 할 때면 고민되는 것이 있어. 같은 수업에 참여하는 아이라도 각자 수준이 다르고 출발점이 다르니, 어디에 초점을 맞춰야 할까 하는 부분이야. 넌 이럴 때 어떻게 대처하니? 보통은 각 교실의 중간 수준에 맞춰서 수업을 디자인하고 진행한다는 대답이 많은데, 과연 그것만으로 되는 걸까? 그래서 난 조금 다른 시선으로 접근해 보려고 해.

　함께하는 일은 서로가 같은 순간을 경험하는 것이고, 앞서거나 뒤처지는 일이 없는 상태라고 흔히들 말해. 그래서 "한 사람의 열 걸음보다 열 사람의 한 걸음이 더 가치 있다."라는 말도 유행처럼 회자되었지. 그런데 난 그게 현실을 반영한 말일까 의아할 때가 있어. 왜냐하면 현실적으로 서로 다른 존재들이 모두 같은 발걸음으로 보폭을 맞춰서 걷는다는 것이 가능한가 싶어서 말이야. 그래서 난 보폭이 아니라 함께 잡은 손에 주목했어. 손잡고 걷는다는 것의 의미에 대해서 말이지.

누군가와 손을 잡고 걸어본 경험이 있을 거야. 손을 잡고 걷는 사이라면 충분히 서로를 알고 믿을 수 있는 사이겠지. 그런데 손을 잡고 걸을 때 항상 옆으로 나란히 걷게 되는 건 아니야. 좁은 골목을 통과할 때나 높고 가파른 곳을 오를 때면, 손은 잡았지만 앞이나 뒤로 서로 자리를 바꿔서 걸으니까 말이야. 즉, 손을 잡고 있지만 항상 옆에서 같이 걷지는 않는다는 거야. 그래서 난 손잡고 걷는다는 말의 의미가 함께 옆으로 나란히 걷는다는 것보다는 손을 잡고 걷는 그 행위 자체에 있다고 생각했어. 어둡고 위험할 길을 걸을 때 엄마가 아이의 손을 꼭 잡고 앞서 걷는 것은 아이의 위험을 줄여주기 위해서이고, 가파른 산에 올라갈 때 앞선 사람이 손을 꼭 잡고 뒷사람을 끌어주는 것도 뒷사람의 부담을 덜어주기 위한 것이니까 말이지. 결국 손잡고 걸을 때는 앞서가는 사람도 있고, 뒤처지는 사람도 있을 수 있다는 것이야. 단, 손을 꼭 잡고서 앞선 사람과 뒤따라 오는 사람이 각자의 역할을 하는 것이 중요하지.

수업도 그렇게 손을 잡고 함께 가는 모습이라고 생각해. 누군가는 먼저 알아서 앞서가고, 누군가는 느리게 알아가겠지. 그런데 앞서가는 친구도, 뒤처져서 오는 친구도 서로 손 내밀고 꼬옥 잡고 나아간다면 어떨까? 뒷사람도 힘을 내서 열심히 함께 갈 수 있지 않을까? 그래서 수업 시간은 앞서가는 사람과 뒤에서 오는 사람이 서로 손을 잡고 나아갈 수 있도록 하는 것이 중요해. 함께하는 수업 말이지. 어때? 같이 해보지 않을래?

수업의 수준을 고민하는 후배와 이야기하던, 경원이가.

#학급 내 수준차

#손잡기의 의미

#함께한다는 것의 의미는 무엇?

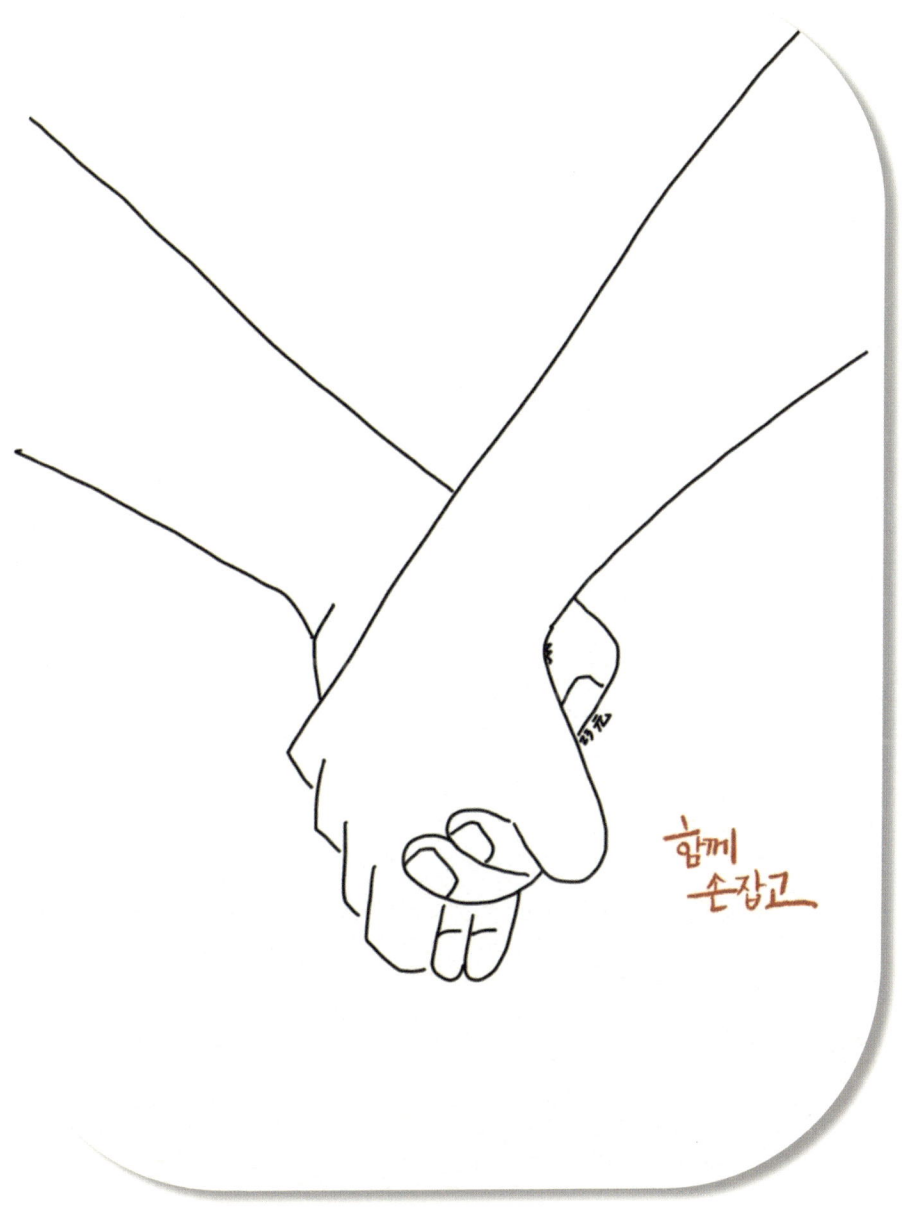

11
메트로놈과 수업

 넌 누구랑 협력하며 수업을 해? 수업을 교사 혼자서만 준비하고 실행하는 것이 아니라고 생각한다면 말이야. 아이들을 제외하고 생각해 보면 학부모도 있을 것이고, 학교의 동료와 관리자, 그리고 더 넓게는 교육부와 교육청도 있겠지. 물론, 이런 상황은 머리로는 알지만 실제 현장에선 혼자 수업을 책임지고 준비하는 것이 교사이기도 하지.

 그렇다면 수업을 위해 누군가와 협력하는 일은 정말 필요한 것일까?

 예전에 우연히 영상을 하나 봤어. 메트로놈 알지? 일정한 리듬으로 움직이기에 곡을 연주할 때나 정확한 시간 배분을 해야 할 때 사용하잖아. 그 메트로놈 10개를 가져다 놓고 모두 똑같이 움직이도록 도전하는 영상이었어. 처음엔 각 메트로놈을 동시에 작동하도록 시작을 맞췄지만, 점차 미세한 차이가 발생하면서 제각기 움직이게 되었지.

그러다 방법을 찾았어. 바로 커다란 판 위에 메트로놈을 모두 올려. 그리고 판 아래에 두 개의 둥근 봉을 넣고 두 개의 봉을 굴리기 시작했어. 아래에 있는 두 개의 봉은 같은 방향과 힘으로 판자를 움직이기 시작했지. 그러자 처음엔 모두 다르게 작동하던 메트로놈이 시간이 흐를수록 비슷해지더니, 마지막엔 정말 거짓말처럼 모두 똑같이 움직이기 시작했어. 동영상으로 보았을 뿐이지만 참 놀라운 장면이었어. 그리고 메트로놈을 움직이게 한, 두 개의 봉이 예사롭게 보이지 않았어.

수업 시간은 참 중요해. 아이들 각자가 가진 특성을 존중하면서도 동시에 함께 힘을 모으기도 해야 하지. 혼자서 할 수 있는 일도 있지만 기본적으로 수업은 함께하는 시간이야. 그렇게 함께할 때, 아이는 혼자서 할 수 없는 일에도 도전하고, 끝내 해내는 경험을 하게 되지.

그런데 모두가 함께하는 일은 생각보다 쉽지 않아. 많은 이유가 있고, 많은 처방도 있었지. 하지만 쉽지 않았고 지금도 어려워. 그럼에도 방법을 이야기하라면 메트로놈을 모두 똑같이 움직이게 한 방식을 이야기하고 싶어.

메트로놈 각자가 아이 한 명 한 명이라고 해보자. 그리고 메트로놈이 올려져 있던 판이 수업 시간이야. 그러면 그 판 아래에서 움직이던 두 개의 둥근 봉은 무얼까? 난 봉 하나는 교사라고 생각해. 그리고 나머지 하나는 그때마다 달라. 교사와 학부모가 같이 봉이 되어 아이를 움직이게 할 수도 있고, 교사와 관리자가 봉이 되어 움직일 수도 있겠지. 교사와 교육부, 교사와 우리 사회도 가능할 거야. 중요한 것은 교사의 움직임과 함께하는 움직임이 있을 때, 아이들이 수업의 효과를 얻을 수 있다는 점이지. 넌 어떻게 생각하니?

함께하는 배움을 생각하며 경원이가.

#메트로놈 동시에 작동시키기

#공진하기

#교사와 함께하는 존재의 중요성

12
손과 뇌의 연결

네가 수업 시간에 주로 사용하는 도구는 뭐야? 컴퓨터와 모니터, 아니면 칠판? 하긴 요즘 학교의 교실엔 칠판보다는 스크린이 더 많이 사용되고 있지. 칠판이 있던 곳에 대형 모니터가 설치되어 있으니까. 내가 어린 시절 학교에서 당연히 보던 초록색 칠판은 이제 사라져가는 추세 같아. 그런데 난 지금도 초록 칠판에 딱딱한 분필을 도구로 쓰는 수업을 좋아해. 그 이유가 뭐냐고?

넌 모니터와 칠판의 가장 큰 차이가 뭐라고 생각하니? 난 빠름과 느림의 차이라고 생각해. 모니터로 보이는 자료들은 순식간에 '짠!' 하고 나타나지. 아무리 많은 텍스트도, 아무리 많은 그림도, 아무리 복잡한 영상도 바로 보이니까 말이야. 그에 비해 칠판은 그렇게 보여줄 수 없어. 그림을 보여주고 싶으면 직접 그리거나, 출력된 사진을 칠판에 붙여야 하니 빠르게 제시하는 것과는 다르지. 특히, 칠판에 분필을 사용한다면 그 속도는 더 느려져. 하지만 내가 칠판 수업을 하도록 만드는 것이 바로 그런 느림의 속성이야.

아이들은 수업 시간 동안 신기한 것을 경험하는 것을 좋아해. 그래서 수업의 초반, 동기 유발을 위해 뭔가 재밌거나 신기한 것을 찾는 경우가 많아. 뭐, 틀린 이야기는 아니야. 호기심을 자극하는 것은 그 자체로도 중요하니까. 그런데 아이들이 좋아하는 건, 신기한 것을 보거나 경험하는 것만이 아니야. 바로 천천히 자신의 공책에 필기하는 것도 무척 좋아해. 글씨를 바르게 쓰려고 노력하고, 다양한 색을 사용해 알록달록 예쁜 공책을 만드는 것도 좋아하지.

인간이 가진 기본적인 능력 중 하나는 새로운 것을 창조하는 능력이라고 생각해. 자기 손으로 쓰는 공책 정리는 어쩌면 새로운 것을 창조하는 인간의 능력이 아주 작게나마 발휘되는 순간이 아닐까. 펜을 손에 쥐고서 종이 공책 위에 써 내려가는 쓰기는 인간이 가진 본능적인 부분을 자극하고, 자극받은 뇌는 즐거움이라는 보상을 해주는 것이지. 그래서 내가 칠판에 하나씩 정성스럽게 쓰는 글씨를 아이들이 따라 쓰며 즐거워하는 모습을 오랫동안 보았어.

최근엔 펜으로 글씨를 쓰는 일보다 키보드 타이핑을 통해 글을 쓰는 경우가 더 많아지고 있지. 하지만 실제 수업을 해보면 종종 타이핑을 통한 글쓰기보다 손으로 직접 쓴 글이 더 의미 있는 결과물을 만들어내곤 해. 손으로 글씨를 쓰는 일은 느리지. 하지만 느려진 글쓰기 속도가 더 많은 생각을 하게 만드는 것이 아닐지 생각해.

어때? 수업 시간에 칠판에 분필로 필기하고 싶은 마음이 생기지 않아? 한번 도전해 보길 바랄게.

칠판을 무척 좋아하는 경원이가.

#손과 뇌는 연결되어 있을까?
#펜으로 하는 공책 필기의 효과는?
#교사의 연습이 필요한 칠판 수업

13
'들들들'도 재능이다!

네가 생각하는 가장 효과적인 수업 방법은 뭐야? 다양한 방법들이 있겠지만 난 그중에서도 '들들들'이 가장 중요하고 효과적인 방법이라 생각해. 그런데 '들들들'이 뭔지 알겠어?

'들들들'은 '들어주고, 들어주고, 들어주자.'라는 말을 내가 줄여서 부르는 명칭이야. 아이들과 수업할 때, 무조건 첫 시간에 알려주는 수업의 태도이자 방법이라고 할까?

선생님이 힘주어 강조하는 내용은 아이들도 중요하게 생각해. 그리고 지키려고 노력하지. 그런데 이왕이면 아이들에게 친숙하면서도 도움이 되는 것이면 좋겠지? 내게는 그게 바로 '들들들'이었어.

다른 사람의 말을 잘 듣는 것은 예의의 문제만이 아니야. 존중의 태도에 듣기가 있는 것은 당연해. 하지만 듣기는 학습에서도 너무도 중요한 요소지. 제대로 듣지 않으면서 다른 사람들과 함께 배우는 것은 불가능할 테니 말이야. 아이와 어른 모두에게 해당하는 삶의 자세이면서 배움의 방법이라고 해야 해. 그만큼 중요하지.

아이들에게 '들들들'을 소개할 때면 세 가지를 알려줘. 첫 번째 '들'은 말하는 사람 쪽으로 몸을 돌리는 것이고, 두 번째 '들'은 듣는 동안 손을 사용하지 않는 거야. 그리고 마지막 '들'은 말하는 사람을 열심히 보는 것이라고 설명해. 그래서 아이들은 선생님이 '들들들 할까요?'라고 말하는 것과 동시에 선생님 쪽을 바라보고 손을 사용하지 않는다는 표시로 양 손바닥을 보여줘. 그리고 열심히 선생님을 바라봐. 이런 동작이 아이들에겐 재미있게 다가가는지, 복도에서 날 만나서 인사하는 아이들은 "들들들 쌤, 안녕하세요!"라고 인사하지. 가끔 '들들들'이 아닌 '들기름 쌤'이라며 놀리는 친구들도 있지만, 그것도 재밌어서 그냥 같이 웃곤 하지.

사실 '들들들'의 핵심은 두 번째 '들'인 손을 사용하지 않는 거야. 아이들이 다른 사람의 말을 잘 듣지 않는 데에는 여러 가지 이유가 있을 거야. 난 그중에서도 손을 멈추지 않아서 그렇게 되는 경우가 많다고 생각했어. 계속해서 무엇인가를 만지고 있는 아이는 만지는 곳으로 온 신경이 집중되어 있으니, 아무리 듣는 흉내를 내도 제대로 들을 수 없지. 그래서 '들들들'을 할 때면 비로소 손에 집중할 수 있게 돼.

손을 멈추고 선생님을 바라보며 듣는 모습의 아이는 그 자체로 너무 멋져. 동시에 아이들도 제대로 설명을 들으면 무엇을 하든 쉽게 배우고 활동할 수 있지. '들들들'을 잘 실천하는 아이는 듣기에 재능이 있는 아이라고 봐야겠지? 만들기나 운동, 노래 등을 잘하면 재능이 있다고 이야기하는 것처럼 말이야. 어때, '들들들' 한번 실천해 보고 싶지 않아? 같이 할까?

들들들 쌤인 경원이가.

#'들들들'이 뭘까?

#수업 약속이 인생의 약속?

#손을 사용하지 않는 것이 핵심!

들

들어주고
들어주고
들어주자! 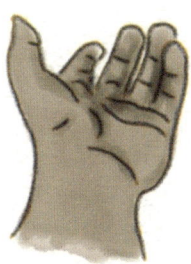 들

들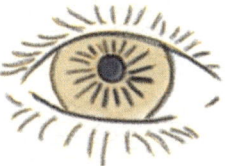

23. 元

14
수업과 학습의 차이

요즘 학습에 대한 이야기가 많이 들려서, 학습과 수업에 대한 이야기를 하려고 해. 어릴 때, 시골의 할머니 댁에 놀러 가면 항상 하던 일이 있었어. 마을 주변 나지막한 산에 올라가 작은 열매를 따기도 했고, 나름 탐험을 한다며 마을 이곳저곳을 돌아다녔지. 그땐 그런 행동이 위험하다는 생각도 하지 못했고, 어른들 대부분은 자기 일을 하느라 바빠서 아이가 어디서 무엇을 하든 별로 신경을 쓰지 않았던 것 같아. 그래서 나름 자유롭게 여기저기, 울퉁불퉁한 곳들을 다닐 수 있었지. 그리고 그때의 기억은 지금도 너무 생생해. 그때의 기억이 생생한 이유는 아마도 뇌과학으로 설명할 수 있을 것 같아.

현대 기술의 발전은 뇌를 분석하는 뇌과학을 가능하게 했어. 그런데 뇌과학에 따르면 그동안 우리가 공부했던 많은 방법이 생각보다 효과적이지 못했다는 걸 알 수 있어. 예를 들면, 그동안 우리는 무엇인가를 잘 알게 되려면 연습만이 살길인 것처럼 공부했잖아? 특히 교사는 아이에게 쉽고 빠르게 가르치면 잘 배울 것이라 믿고는, 온갖 자료를 찾아내고 준비하기도 하지. 그런데 이런 교사의 태도와는 달리, 뇌과학에 기반한 인지과학자들은 그렇게 하는 것은 시간 낭비에 불과하다고 이야기해. 많은 연구에서 나온 결과는 오히려 어렵게 가르치라고 이야기하고 있어. 배우기 어렵게 가르쳐야 더 잘 배운다는 거야.

그러면 '도대체 어떻게 해야 잘 배울 수 있는 거야?'라는 물음이 생길 거야. 인지과학자들은 배울 때 한 가지를 집중해서 끝내고 다음 단계로 넘어가는 방법보다는 시간 간격을 두고 교차하면서 배우는 것이 좋다고 이야기해. 그리고 한 가지에만 집중하는 것이 아니라 다양한 측면에서 관계된 것을 함께 다루면 좋다고도 이야기하고. 마지막으로 실제 삶과 맞닿아 있는 체험을 하며 연습할 때 더 잘 배운다고 하지. 어때? 이렇게 가르치고 배우려면 우리의 수업은 어떤 모습이어야 할까?

오랜 시간이 지났는데도 어릴 때의 기억이 남아 있는 건 인지과학자들이 더 잘 배울 수 있다고 이야기한 내용과도 맞아떨어질 수 있어. 이곳저곳 자유롭게 둘러보며 시간을 보내고, 울퉁불퉁 쉽지 않은 길을 걸었던 것이 더 또렷하게 기억나는 것 말이지.

사실 수업도 마찬가지야. 수업은 한 사람만의 것이 아니라 교사와 학생 모두의 것이야. 잘 따라오는 한 명을 효율적으로 빠르게 목적지로 안내하는 것보다는, 모두가 다른 수준과 생각을 가지고 있다는 점을 인정하고 살짝살짝 옆으로 새기도 하지만, 결국엔 목적지로 향해 나아가는 것이 더 효과적인 수업이라는 것이지. 그 과정에서 누구도 예측하지 못했던 배움을 만나기도 하고 말이야. 난 그것이 수업이고, 또 수업의 묘미라 생각해. 넌 어떻게 생각해?

7월의 더워지는 날 경원이가.

#학습과 수업

#효율과 효과

#어느 쪽이 더 좋은 수업일까?

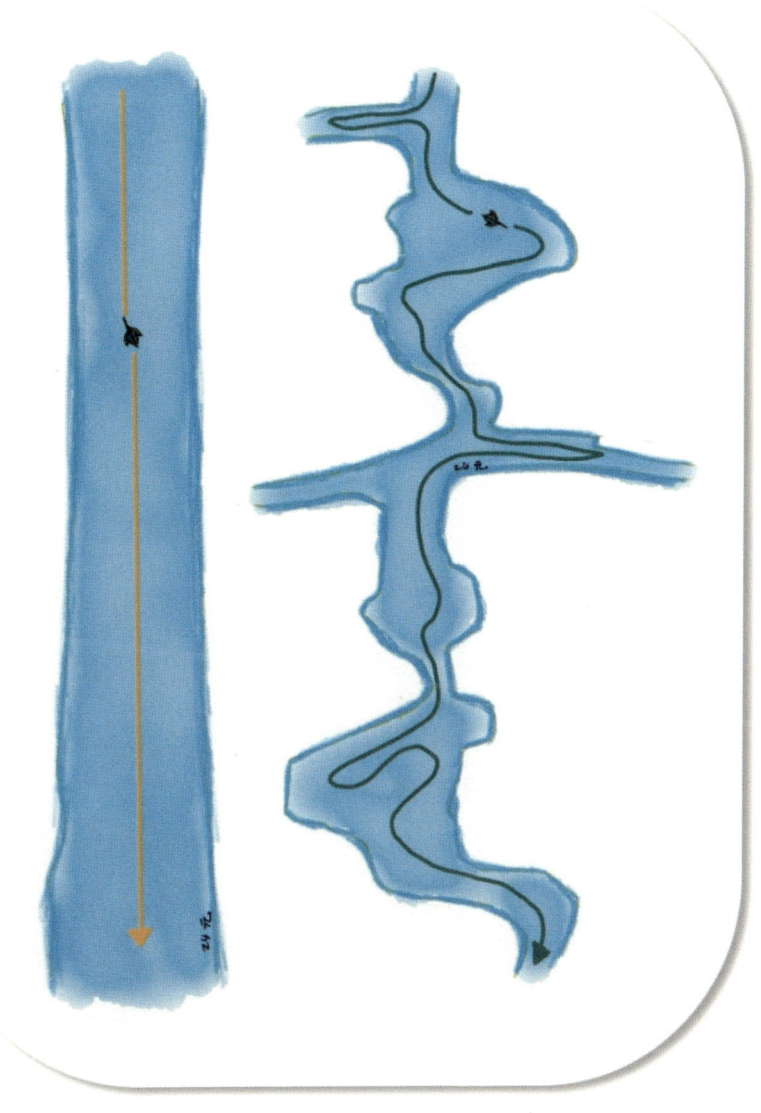

15
수업과 예술, 예술과 수업

　　선배들이 했던 옛이야기가 생각나네. 교육대학교에 처음 입학했을 때는, 그 당시만 하더라도 특별히 교사의 길을 걸어야겠다는 생각보다는 그저 등록금이 싸고 4년제 대학을 나올 수 있다는 점만 생각하고 입학했어. 그래서 학교생활도 최소한의 일들만 하며 지냈지. 어려운 형편 때문에 학교에서 사용하는 교재도 다 구입하지 못하고 아르바이트를 하며 지낸 시기이기도 해. 그렇게 교대를 졸업한 후 대학 졸업장을 가지고 할 수 있는 다른 일을 하겠다고 마음먹었는데, 지금 이렇게 25년이 훌쩍 넘는 시간 동안 교사를 하고 있다니.

　　교사가 되어야겠다고 생각한 것은 교대 4학년 실습에서였어. 그때 광주의 한 초등학교로 실습을 나갔고, 6학년 교실에서 5주 동안 실습생으로 있었지. 사실 어떤 수업을 했었는지, 어떤 일이 있었는지 이제는 기억나지 않아. 하지만 분명히 기억나는 것은 무척 좋았다는 느낌이야. 딱 잘라서 설명할 순 없었지만, 그냥 좋았어. 학교라는 공간도, 아이들과 함께하는 교실의 분위기도 말이지.

그런 기억을 가지고 교사가 되었지. 그렇지만 처음엔 준비가 부족한 교사여서 고생을 많이 했던 것 같아. 현장에서 무엇을 어떻게 해야 하는지 전혀 감이 없었으니까. 특히 수업 시간은 더 힘들었어. 어떤 방식으로 수업을 해야 하는지, 수업 시간에 다루는 내용은 어디까지여야 하는지 등 기초적인 부분도 잘 모른 채로 시작했거든.

다른 사람들이 볼 때 교사들은 발령 전에 모든 준비가 된 것처럼 보이겠지만, 적어도 난 그렇지 못했어. 그렇다 보니 수업이 항상 부담스러웠고, 그저 하루하루 간신히 넘기고 있었지.

그런 상황이어서였을까? 결국 수업에 대해 모르는 부분은 주변 선배들을 찾아가 적극적으로 물어봤어. 지금 생각해도 참 잘한 일 같아. 모르면 물어보는 것을 부끄럽게 생각하지 않았으니까 말야. 그렇게 이런저런 이야기를 들어가며 나만의 수업을 만들어나갔지. 그런데 선배들의 이야기를 듣다 보니 이상한 점이 생기기 시작했어. 처음엔 선배들이 시키는 대로만 하면 되는 줄 알았고, 그대로 해보니 실제로도 좋았어. 그런데 선배들을 만나면 만날수록 구체적인 이야기보다는 추상적이고 모호한 이야기가 더 많이 나오는 거야. 심지어 수업은 예술과도 같다는 이야기까지 들었지.

'수업이 예술이라고?'

수업이 예술이라는 말은 도통 이해할 수 없었어. 내가 생각하는 예술은 감성이 가득하거나 예측 불가능한 어떤 것이었으니까. 그런데 수업은 그렇지 않잖아? 철저히 준비해도 어려운 게 수업인데, 예술이라니? 그렇게 도무지 이해할 수 없는 선배들의 이야기는 잠시 나의 곁에서 멀어졌지.

그리고 여전히 이곳저곳에서 온갖 자료들을 뒤져가며 수업을 위해 시간을 투자하던 나에게 어느 날 문득 새로운 생각이 찾아왔어. 그리고 수업이 예술이라는 선배들의 이야기가 문득 마음속에 쑥 들어왔어. 왜냐고 물으면 구체적으로 이야기할 순 없을 것 같아. 그래서 그림으로 그 생각과 느낌을 표현했어.

블록처럼 쌓여 있는 그림과 회오리처럼 감겨 있는 그림이 보이지. 난 블록처럼 쌓여 있는 것을 기존에 내가 생각하던 수업의 모습이라고 생각하고 그렸어. 왜냐하면 수업은 체계적인 행위라고 생각했으니까. 반면에 예술은 휘감겨 올라가며 서로 섞이는 모습으로 표현했지. 그처럼 예측할 수 없는 섞임이 예술에 대해 내가 가지고 있는 이미지였지. 그런데 왜 두 개의 이미지가 붙어 있을까? 수업과 예술 모두, 이 두 이미지가 다 필요하다고 생각하기 때문이야.

수업은 체계적인 준비를 통해 시작되지만 실제 수업 시간은 예술처럼 예측 불가능한 섞임과 움직임 속에 진행되지. 예술은? 수업과는 반대라고 생각했어.

예술은 체계적인 준비보다는 순간의 감각과 느낌, 영감을 통해 시작되는 것이 아닐까. 하지만 그렇게 창조된 예술이 대중과 만날 때는 최대한 이성적으로 설명해 주는 부분도 필요할 것 같아. 수업과 비슷하지만 반대의 느낌이랄까? 이제야 선배들이 나에게 했던 말들과 답답해하던 심정이 이해되네. 지금이라도 이렇게 그림으로 표현할 수 있게 되어 다행이라 생각해.

결론. 수업과 예술은 서로 닮았으면서도 완전히 다른 쌍둥이가 아닐까?

넌 어떻게 생각하니?

선배가 보고 싶었던 어느 5월 경원이가.

#수업과 예술

#이성과 감성

#어떤 것이 수업의 모습일까?

16
감정의 골짜기와 이성의 광장

넌 학급과 수업이 어떤 관계가 있다고 생각해? 수업은 수업이고 학급에서의 생활은 생활이라는 생각을 할 수도 있겠지만, 난 좀 다르게 보고 있어. 학교에서의 생활이 제대로 되기 위해서는 다양한 것들이 필요한데, 수업을 통해서 얻을 수 있는 부분이 무척 크다고 생각하니까. 특히 감정적으로 예민한 시기가 되는 중학년 이상의 아이들과 지낼 때 겪게 되는 아이들 사이의 감정 문제는 생각보다 해결하기가 어렵잖아? 그럴 때 수업이 도움이 되지.

누구와 누구가 싸웠다는 이야기를 들으면 어떻게 해결해? 일단 싸운 아이와 이야기를 나누어보겠지. 그런데 생각보다 쉽게 화해가 되지 않을 수도 있고, 때로는 싸움의 원인이 너무 사소하거나, 그런데도 해결하기 어려운 것들이 많

아. 그럴 때 난 주저 없이 이 싸움을 수업 시간으로 가지고 와서 해결했어.

먼저 싸움의 원인이 된 주변 상황들을 살펴봐. 여기서 중요한 것은 방금 일어난 싸움을 수업 시간에 다루게 되면 그 자체로 싸움을 객관적, 이성적으로 바라보기 시작하게 된다는 점이야. 먼저 상황을 살핀 후 바로 이어서 서로의 감정에 관한 이야기로 넘어가. 누구를 비난하거나 그때의 감정이 잘못이라는 이야기를 하는 것이 아니라, 이성적으로 바라보도록 하는 거지. 그렇게 자신의 감정에서, 아니 우리 모두가 겪을 수 있는 감정의 골짜기에서 한 발 떨어져 살펴보는 일은 도움이 되었어. 아이들은 자신들이 싸운 상황과 그 당시의 감정에 대해 다시 돌아보게 되었고 거기에서부터 서로 해결점을 찾아갔지. 물론 모든 상황에서 적용되었다고 말할 순 없지만, 그래도 많은 사건들을 해결한 방법이긴 해.

"수석님, 수석님께서 해주신 수업을 통해 아이들 사이의 문제가 해결되었어요. 수업 시간 내내 수석님 이야기에 찔려 하던 아이들이 수업이 끝난 후 자기들끼리 모여서 화해하더라고요. 정말 고맙습니다."

수업을 하다가 이런 이야기를 간간이 접하기도 해. 사실 수업을 해보면 처음 들어간 반이라도 아이들 사이에 어떤 문제가 있는지 알 수 있는 경우가 대부분이고, 그럴 때는 해당 부분에 대해 생각하며 수업의 분위기와 내용을 살짝 조정하지.

사실 누군가가 가진 감정을 진정으로 이해한다는 것은 거의 불가능에 가까운 일이라고 생각해. 감정은 깊이를 알 수 없는 골짜기 같은 모습이니까. 그래서 어떤 감정이든, 감정에는 항상 어딘가 알 수 없는 불안감이 함께하는 것 같아. 그런 감정을 누군가 이해하고 보듬어주는 건 정말 어려운 일이야. 하지만 자신의 감정만 중요하고 다른 사람의 감정은 살피지 않는 사람이 되는 것은 더 큰 문제가 될 수 있어. 감정을 온전히 이해해 줄 수는 없지만 다른 사람의 감정도 나와 같은 모습을 가진다는 사실, 그런 감정들을 함께 공론의 광장에서 다루는 경험을 하는 것은 그래서 중요하다고 생각해. 그런 면에서도 수업은 엄청 중요한 거지!

아이들의 다툼을 수업 시간에 해결한 어느 날, 경원이가.

#감정과 이성

#감정을 이해할 수 있을까?

#골파기와 이성의 광장

17
연한 가시와 친절한 수업

혹시 아이들의 말이나 행동 때문에 속상했던 적 있어? 생각보다 많은 교사가 아이들로부터 상처를 받는다고 알려져 있지. 세상 모든 아이가 우리가 상상하고 바라는 착한 아이의 모습은 아닐 테니 말이야. 그래서 때로는 어떤 아이의 행동이나 말이 용서하기 어려울 것 같은 경우도 있어. 그렇지만 난 아이들을 믿고, 아이들과의 관계를 소중히 생각하고 행동해.

수업 시간 중 불쑥 모두에게 상처가 되는 말과 행동을 하는 아이가 교실에 있으면 수업이 참 어려워. 그 아이의 돌발행동에도 신경 써야 하고, 동시에 다른 아이들의 감정까지도 모두 살펴야 하잖아. 처음엔 나도 그런 아이와 수업하는 것이 너무 버거웠어. 마음 같아서는 그런 아이는 뚝 떼어놓고 싶은 마음도 컸지. 하지만 지금은 그렇지 않아. 오랫동안 지켜온 내 삶의 습관을 통해 나름의 깨달음을 얻었기 때문이야. 물론 개인적인 깨달음이니 참고로만 해줘.

앞의 사진 속 잎의 색이 보이지? 잘 보면 뒤에 있는 잎과는 색이 다르다는 것을 알 수 있어. 그래, 맞아. 새로 난 잎이라서 연한 색을 띠는 거야. 뒤로 보이는 진한 색의 잎은 손가락 끝으로 눌러보면 무척 단단해서 바늘에 찔린 것처럼 아파. 반면에 연한 색의 새잎은 아무리 뾰족한 부분으로 손가락을 찔러도 하나도 아프지 않지. 그리고 난, 지금 내 앞에서 상처가 되는 말을 쏟아내는 아이의 날카로운 감정도 새로 난 연한 잎사귀와 다르지 않다고 생각해. 아무리 네가 나를 찔러도 결국엔 연한 잎으로 찌르는 것이라고 말이야.

아이의 뾰족하고 날카로운 감정은 다양한 이유에서 생겨났을 거야. 이런 아이에게 더 많은 사랑과 관심이 필요하다는 점도 모두가 인정할 거고. 하지만 교사는 한 명이고, 다른 모든 아이들도 관심과 사랑이 필요해. 그래서 수업이 더 중요해져. 수업은 모두와 함께하는 시간이잖아? 그 시간 동안 서로 의지하고 협력하며 함께 이뤄나가는 것을 경험하는 건, 날카롭기만 했던 아이의 마음을 서서히 돌아서게 하는 힘을 가지고 있으니 말이야. 교사는 그래서 수업 시간에는 언제나 친절해야 해. 칭찬도 좋지만 아이들은 친절한 교사를 더 좋아하니까. 이런 수업들이 쌓여가면서 아이의 뾰족함은 점차 둥글고 부드러운 모습으로 바뀔 수 있다고 난 생각해. 넌 어떻게 생각하니?

마음이 아픈 아이들과 수업하던 때를 기억하는 경원이가.

#뾰족한 마음

#수업의 효과

#아이의 뾰족함과 어른의 뾰족함과의 차이는?

18
교사의 시선

넌 수업 시간에 어떤 아이에게 집중하니? 예를 들어 수업에 열심인 아이에게 집중하는 편이니, 아니면 수업을 방해하는 아이에게 집중하는 편이니? 이렇게 질문하면 대답하기가 곤란하겠지. 그러면 질문을 바꿔볼게.

"넌 수업 중 보이는 아이의 어떤 모습에 집중하니?"

앞에서 질문했던 열심인 아이와 방해하는 아이는 다른 아이가 아니야. 같은 아이라도 상황에 따라 열심이기도 하고 방해꾼이 되기도 하지. 그래서 첫 번째 질문보다는 두 번째 질문이 더 의미 있어. 그래서 묻고 싶어. 넌 아이의 어떤 모습에 집중하는지 말이야.

아직 경험이 적은 교사는 아이의 부족한 부분에 초점을 맞추기 쉬워. 아이가 열심히 하는 건 당연한 일이라고 생각하니까. 하지만 경험 많은 교사는 아이가 보이는 다양한 모습 중에서 가장 멋진 부분을 딱 찾아내는 힘을 가졌어. 그래서 아이가 보이는 순간적이지만 찬란한 순간을 잡아내지. 그리고 아이에게 이야기해. 넌 멋진 모습을 가진 친구라고 말이야. 이런 말을 들은 아이는 어떤 반응을 보일 것 같아? 그래, 너무나 당연하게도 좋아하면서 더 열심히 참여하려고 노력하지.

수업 시간에 아이가 열심히 참여하는 모습은 당연한 것이 아니야. 그건 아이가 자신의 온 힘을 다하고 있는 거라고 생각해야 해. 그렇다 보니 모든 시간에 다 열심히 참여하기 어려운 것도 사실이야. 하루 중 대부분을 열심히 참여하기 위해 노력한 아이에게 잠시 부족한 모습이 보였다고 해서 그 부분을 질책한다면 아이는 수업과 담을 쌓게 되지. 그러니 성숙한 교사는 아이의 그런 마음마저 헤아리는 교사겠지? 그리고 이런 마음은 부족함이 많은 아이에게도 통해서, 그 아이의 행동을 변화시키는 동기로 작용해. 선생님이 자신의 멋진 모습을 찾아줘서 고마워하는 마음이 생길 테니까. 고마운 사람에겐 더 잘하고 싶은 것이 사람의 마음이고 말이야.

어때? 지금 넌 어떤 모습에 집중하는 것 같니?

순간적인 아이의 모습도 찾아내려고 노력하는 경원이가.

#순간적인 모습

#부정적, 긍정적 피드백

#난 어떤 모습에 집중하는 편일까?

19
문 틈에 발 끼우기 전략과 수업

　너 심리학을 좋아하니? 난 심리학 관련 이야기 읽기를 좋아해. 그런 이야기들은 나에게 아이를 어떻게 바라봐야 하는지 알려주고, 또 스스로를 돌아보게도 하니까 말이야. 특히 '문 틈에 발 끼우기(Foot-in-the-Door Technique)'와 관련된 내용은 아이들과 수업할 때 많은 영감을 주는 이야기야.

　'문 틈에 발 끼우기' 기법은 작은 부탁으로 시작해서 큰 변화를 만들어내는 심리학적 기법이라고 해. 사소하지만 중요한 변화를 제안해서 받아들이게 하면, 그 뒤에 이어지는 큰 변화도 쉽게 받아들인다는 내용이야. 아이들과 수업을 할 때 굉장히 유용한 방법 중 하나인데, 이렇게도 사용할 수 있어.

　공책 필기를 하는데 6학년인데도 줄도 못 맞추고, 글씨 크기도 너무 커서 도저히 6학년이라 볼 수 없는 친구가 있었어. 요즘엔 워낙 필기를 하지 않으니, 누구도 알지 못한 채 6학년이 된 거지. 이럴 때 '문 틈에 발 끼우기' 기법을 적용해. 아이가 쓴 필기 중에서 정말 잘 쓴 부분을 찾아내. 아주 짧은 부분이라고도 상관없어. 그리고 다음 필기에서는 이 부분처럼 멋지게 필기해 보자고 말해. 아이의 반응은 어떨까? 아이 대부분은 이런 교사의 부탁을 잘 들어. 그리고 결국 멋진 필기를 할 수 있게 되지.

왜 아이들은 이런 나의 부탁을 들어주려고 노력할까? 아이는 누구라도 자신의 성장을 응원하고 지원하는 사람을 좋아해서가 아닐까 하는 것이 내 생각이야. 아이에게 교사는 특히나 더 중요한 존재이니까, 그런 교사가 응원하는 것을 마다하는 경우는 거의 없어. 그래서 아이 스스로 교사의 응원에 힘입어 더 열심히 노력하게 되지.

뭘 하든 자신감 없고, 잘 하지 않으려는 아이가 있다면 한번 적용해 보면 좋겠다.

아이 마음에 살짝 발을 끼워 넣기를 좋아하는 경원이가.

#작은 변화부터

#긍정적인 변화 이끌기

#아이를 세심하게 살피는 방법은 무엇일까?

문 틈에 발 끼우기

20
수업의 목적

오늘 수업은 어땠어? 난 오늘 아이들과 함께 우리말 사용에 대한 수업을 했어. 외국어와 외래어가 너무 많아져서 힘든데, 요즘은 거기에 신조어까지 나타나서 우리의 언어 사용이 힘들다는 이야기를 아이들과 함께 나눴어. 그런데 하루하루 수업을 이어가는 건 좋지만, 이렇게 분절된 형태의 수업이 정말 도움이 되는지 궁금해. 넌 어때?

수업에 대해서는 여러 이야기가 있지만, 난 그중에서도 이 이야기가 맘에 들어.

"교육은 여러 기능을 배우거나 많은 정보를 획득하는 것 이상이어야 한다."(린 에릭슨)

수업을 하는 사람이라면 누구나 고민하는 부분인 것 같아. 난 이런 고민의 해결책으로 주제를 중심으로 하는 프로젝트형 수업을 하고 있지. 내가 프로젝트형 수업을 하는 이유 중 하나는 기능과 정보를 넘어 삶의 기술을 배우는 것이 필요하다고 생각해서야. 분절된 기능과 정보들이 어떻게 삶의 순간에 적용될 수 있는지를 아는 것이 삶의 기술이겠지. 그리고 이때 필요한 것이 대표적으로 창의적 사고와 비판적 사고, 그리고 반성적 사고일 거야. (물론 이렇게 수업을 진행하려면 교사에게 많은 부담이 생겨. 하지만 에릭슨의 말처럼 여러 기능이나 많은 정보 전달 이상을 수업으로 다루려면 어느 정도는 감수해야 한다고 생각하고 받아들였어.)

창의적 사고는 오래되고 근본적인 교육의 목적이지. 창의성은 모든 사람이 그 자체로 바라는 선망의 대상이니까. 나는 세상의 다양한 정보들을 자신만의 경험과 생각을 바탕에 두고 새롭게 구성하고 정의하는 것이 창의적인 사고가 아닐까 생각해.

비판적 사고는 비교하고 분석하고 종합하는 능력이지. 세상에 존재하는 것들은 홀로 존재하지 않기에 필연적으로 다른 존재와 비교하고 비교받게 되지. 그런데 비교에서 끝나버리면 그 실체를 알기 어렵다고 생각했어. 비교가 1차적인 과정이라면 그다음으로 분석하고 종합하는 2, 3차 과정이 필요하지. 그렇게 어떤 존재의 실체를 종합적으로 알아가는 것이 비판적 사고야.

반성적 사고는 결국 자신에 대한 이해가 가장 중요하다는 걸 알도록 해줘. 자신이 누군지, 자신이 원하는 것이 무엇인지 알게 하는 것은 교육의 당연한 목적 중 하나일 테니 말이야.

　　창의적 사고, 비판적 사고, 반성적 사고를 키우는 수업이 되려면 어떻게 해야 할까? 아무튼 중요한 것은 수업의 목적에 이런 내용들이 같이 있으면 좋겠다는 생각이야. 넌 어때? 수업에서 꼭 다루고 싶은 내용이 있어? 아니면 나랑 같이 고민해 볼래?

　　수업의 목적에 대해 고민이 많은 경원이가.

#수업의 목적은 무엇일까?
#창의적, 비판적, 반성적 사고에 대한 생각은?
#기능과 정보를 넘어

21
재료와 수업

저학년 담임을 하면 고학년과는 다른 바쁜 일들이 있어. 수업에 필요한 준비물이 많다는 점도 그중 하나야. 고학년의 경우엔 아이가 할 수 있는 부분이 많아서 교사의 손이 많이 가지 않지만, 저학년 학생들은 교사가 많은 부분을 안내하고 이끌어줘야 해서 손이 무척 바빠지지. 그런데 수업 시간에 사용되는 재료들에 대해서 넌 어떤 생각을 가지고 있어?

학교에서는 보통 학년 초에 필요한 준비물을 대량으로 구매해. 주로 사는 물품은 도화지와 같은 종이류와 만들기 수업에 필요한 찰흙이나 교구들이지. 그런데 도화지에도 여러 종류가 있다는 것을 알아? 아, 물론 도화지 크기가 다르다는 것은 알 거야. 내가 말하는 건 도화지도 무게에 따라 여러 종류가 있다는 거야. 보통 가게에서 그냥 도화지를 달라고 말하면 8절 크기의 도화지를 살 수 있어. 무게가 200g이 안 되는 도화지 말이지. 그런데 이제까지 사용하던 도화지와는 다른 200g 이상의 8절 도화지도 있거든. 찰흙도 마찬가지야. 일반적인 찰흙과는 조금 다른 도자기용 찰흙이 있으니까.

난 이런 부분이 생각보다 중요하다고 생각해. 도화지 하나 바꾼다고 뭐가 크게 달라질까 싶을지도 모르지만, 도톰한 느낌의 도화지는 그것을 만지는 아이에게 즉각적인 반응을 일으켜. 진하게 색을 칠해도 뒤로 번지지 않는 도화지를 신기해하기도 하고 말이야. 손에 묻거나 잘 뭉쳐지지 않았던 기존의 찰흙에 비해 부드럽고 매끈하게 뭉쳐지는 도자기용 찰흙을 경험하면 이전의 찰흙으로 돌아갈 수 없을 정도의 만족감을 주지.

사람은 어떤 것을 처음 받아들일 때 시각과 후각을 통해 받아들인대. 그리고 시각과 후각의 단계가 지나면 촉각으로 그것을 받아들인다고 해. 그래서 감각에 예민한 사람들 중엔 자기 손가락 끝에 자석을 부착하고 다니는 사람도 있어. 그렇게라도 해서 촉각을 통해 세상을 감각하고 싶다는 욕망으로 그렇게 한다고 하네. 특히 요즘처럼 세상 모든 것이 매끄럽기만 한 환경에서 살아가는 아이들에게 적절한 촉각의 경험은 무척 중요하지. 도톰한 도화지가 전하는 손끝의 느낌, 부드럽지만 잘 뭉쳐져서 어떤 형태든 잘 만들어지는 도자기 흙의 느낌 같은 것 말이야.

어때? 넌 어떤 촉각을 아이들과 나누고 싶니?

감각의 중요성에 대해 생각하며 경원이가.

#감각과 수업

#시각과 후각 그리고 촉각

#수업의 재료는 어떤 것을 사용해야 할까?

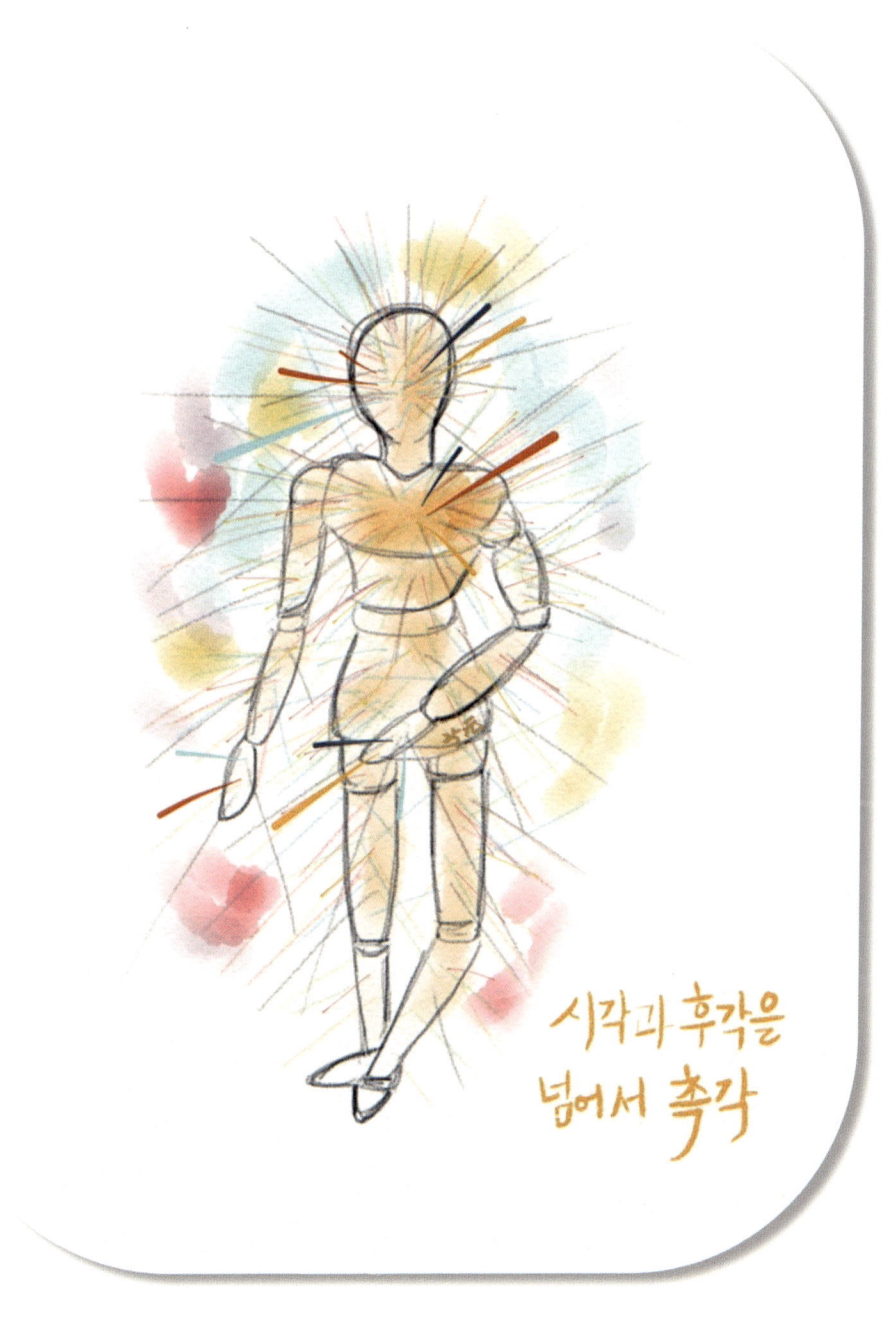

22
아날로그와 디지털

넌 아날로그와 디지털에 어떤 차이가 있다고 생각해? 최근 학교 현장에서도 디지털이 대세인 것처럼 보여. 하지만 난 여전히 아날로그적인 수업을 좋아해. 그래서 지금도 칠판에 분필로 직접 필기하면서 수업을 하지. 아이들이 좋아하냐고? 아이들은 선생님이 쓰는 칠판 글씨를 따라 쓰게 되는데, 그 자체를 너무 좋아해. 그리고 더 중요한 것은 아이들이 선생님을 따라 필기하는 것도 중요한 배움의 하나라는 점이야.

우리는 무엇인가를 가르치거나 배울 때, 핵심적인 것이 무엇인지 살펴봐. 그리고 그것에 도달하기 위해 최적화와 효율화를 앞세워. 그런데 문제는 그렇게 잘 벼린 과정이 오히려 아이의 배움에는 어려움으로 작용한다는 점이야. 교사는 다양하고 깊이 있는 내용을 빠르고 정확하게 전달하려 노력하는데, 오히려 그것이 아이에겐 도움이 되지 않는 거지. 난 그 이유를 사람이 가진 특별한 능력 때문이라 생각해. 데이터로 측정할 수 없는 느낌과 감성을 중요하게 여기는 존재가 사람이니까.

디지털은 기본적으로 측정 가능한 것을 중심으로 구성되어 있어. 데이터를 중심으로 결정하고 실행하지. 반면 아날로그는 측정 불가능한 것까지 포함되어 있어서 덩치가 커. 그런데 우리가 살아가는 데에는 당연하게도 측정 불가능한 것, 데이터화할 수 없는 것들도 필요하지. 그래서 아날로그가 우리에게 좀 더 최적화된 방식이라는 생각이 드는 거야.

내가 말한 아날로그적인 수업이 칠판 수업만을 말하는 건 아니야. 요즘 교실에서 선생님들의 필수품으로 자리 잡아가는 마이크도 난 사용하지 않아. 내가 남자 교사이고 목소리가 큰 편이라서 그렇기도 하지만, 웬만하면 마이크 없이 아이들에게 이야기를 전달하고 싶은 마음 때문이기도 해. 마이크를 통해 나온 목소리는 아무리 비슷해도 결국 디지털로 변환된 목소리이니까 말이야. 그래서 마이크를 사용하지 않으니 수업 시간에 아이들과 조용히 이야기를 나누는 시간을 더 소중히 여기고, 그렇게 교사와 학생이 더 가까워지기도 하지.

난 어느 것이 더 바람직하다는 이야기를 하려는 건 아니야. 디지털과 아날로그의 선택은 개인의 몫일 테니까. 하지만 디지털과 아날로그의 특성에 대해 조금은 더 생각해 보면 좋을 것 같아. 넌 어떻게 생각하니?

디지털과 아날로그에 대해 고민하는 경원이가.

#아날로그와 디지털

#감성적 음악 듣기

#아날로그적인 교육활동의 중요성은?

23
최고의 공부법

교사들 대부분은 어릴 때 공부를 꽤 잘했을 거야. 그랬기에 교육대학교를 가고, 교사 임용시험도 통과할 수 있었겠지. 그래서, 아마 너도 어릴 때부터 이런 이야기를 많이 듣고 자랐을 것 같아.

"공부를 잘하려면 엉덩이가 무거워야 해!"

들어본 적 있지? 우리 세대뿐만이 아니라 이전 세대, 그리고 지금 자라는 세대에도 똑같이 통용되는 말인 것 같아. 사실 그렇지. 엉덩이가 무겁다는 건 자리에 앉아 있는 시간이 길다는 의미이고, 그래야 많은 내용을 공부할 수 있으니까. 그런데 난 이 이야기가 초등학생과 같이 어린 학생에게도 똑같이 적용되지는 않는 것 같아.

초등교육과 같이 기초와 기본을 중요하게 생각하는 시기에는 엉덩이가 무거운 것보다는 가벼운 것이 종종 도움이 되기도 해. 그래서 난 항상 아이들에게 이렇게 이야기하지.

"공부를 잘하고 싶으면 가벼운 엉덩이를 가져야 해. 모르는 것이 나오면 벌떡벌떡 일어나서 잘하는 친구를 찾아가, 그 친구가 하는 것을 잘 살펴보렴. 그리고 그것을 나에게 적용해 보는 거야. 그렇게 할 때 더 많은 것을 얻을 수 있을 거야."

어때? 이렇게 말하는 선생님을 만나본 적 있니? 나도 이야기를 건네는 대상이 초등학생이니까 이렇게 말할 수 있는 거야. 기초와 기본을 다지는 시기인 초등학생 말이야. 좀 더 길게 본다면 의무교육 기간인 중학교까지도 적용될 수 있을 것 같아. 사실 어릴 때는 자신의 것만을 챙기는 것보다는 다양한 경험을 하는 것이 더 유리해. 기초와 기본을 쌓는 데는 더 많은 경험을 하는 것, 그리고 그것을 통해 더 넓은 바닥을 다지는 것도 도움이 되니까. 그러려면 다른 사람의 생각과 결과를 공유하는 것이 훨씬 유리하지. 그런 의미에서 어릴 땐 네 것 내 것을 가리기보다 함께 하는 공부가 더 효과적이야. 어릴 때부터 남과 비교하고 이겨야 한다는 생각으론 실천할 수 없는 공부법이지. 그래서 남이 자기 것을 보는 것을 극도로 경계하는 아이는 더 다양하고 넓은 바닥을 다질 기회를 얻지 못할 가능성이 커.

누군가가 하는 일을 옆에서 지켜보며 배우는 것, 모방을 통한 배움은 배움의 가장 기본이 되지. 전문가 집단에선 할 수 없는 일이지만 기초와 기본을 다루는 시기엔 충분히 사용할 만한 좋은 공부법이 아닐까? 너도 한번 적용해 볼래?

공부법에 관심이 많은 경원이가.

#가벼운 엉덩이 공부법

#포용성과 창의성을 키우는 공부법

#초등교육의 목적을 생각하는 공부법

24
실뜨기와 수업 주도성

　실뜨기 놀이를 해본 경험이 있을 거야. 엄청 재밌는 놀이는 아니지만 소소하게 시간을 보낼 때 친구와 함께하는 놀이이긴 해. 그런데 실뜨기를 할 때 실을 손에 걸고 있는 사람이 있고, 건너편에서 그 실을 가져가는 사람이 있잖아. 두 사람 중에 누가 주체고 누가 객체일까? 실을 손에 걸고 있는 사람? 아니면 가져가는 사람?

　실뜨기 놀이를 이야기하며 주체와 객체를 이야기하는 것이 이상하겠지. 계속 역할이 바뀌기 때문에 어느 쪽이 주체고 객체라고 이야기하기도 어색하고 말야. 맞아. 그런 실뜨기 놀이처럼 주체와 객체가 계속해서 바뀌는 것이 또 있어. 바로 수업이야.

수업에도 주체와 객체가 있을까? 언뜻 보자면 교사가 주체처럼 보이지. 그렇게 되면 학생이 객체라는 말인데…. 동의가 될까? 오히려 학생이 주체이고 교사가 객체라고 말하고 싶을 수도 있지. 그런데 이것도 쉽게 동의가 되지 않아. 그래서 수업에서는 주체와 객체를 딱 잘라 규정하기 힘들어. 실뜨기 놀이처럼 말이지.

학생이 중심이 된 교육이 필요하다는 이야기에 동의하면서도 동시에 불편함을 느끼는 사람이 있어. 나도 그중의 하나이고. 학생이 중심이면 교사는 뭘까? 이렇게 주체와 객체를 나눌 수 있는 것이 수업일까? 반대로 교사가 중심이 된 교육은 잘못된 것일까? 이런 의문이 계속 생겨나니 말이야. 그래서 난 이 물음에 대한 해답을 실뜨기 놀이를 통해 찾았어. 주체와 객체가 계속해서 번갈아 가며 바뀌는 모습 말이지.

교사와 학생은 수업에 참여하는 주요 주체야. 그렇지만 두 주체 중 한쪽이 더 많은 책임을 지고 이끌어야 하는 순간이 있어. 수업의 내용과 과정을 안내하거나, 수업을 통해 달성해야 할 목적을 안내하고 평가하는 순간엔 교사가 주체가 되어야 하겠지. 반면에 수업에서 다루는 내용을 탐색하고 어떤 과정을 거치고, 최종적으로 지식을 구성하는 순간엔 학생이 주체가 되어야 하지. 물론 이렇게 나눈다고 하더라도 순간마다 미세하게 주체와 객체의 역할이 교사와 학생 사이를 오갈 거야. 그렇게 교사와 학생은 서로 실뜨기를 하며 수업에 참여하지.

그래서 수업에서 주체와 객체를 나눠 이야기하는 건 큰 의미가 없어. 일방적으로 학생이 주인공인 수업도, 교사가 주인공인 수업도 존재하지 않으니까. 넌 어떻게 생각하니?

주체와 객체의 의미를 생각하는 경원이가.

#주체와 객체

#학생중심수업과 교사중심수업?

#교사와 학생의 상보적 관계

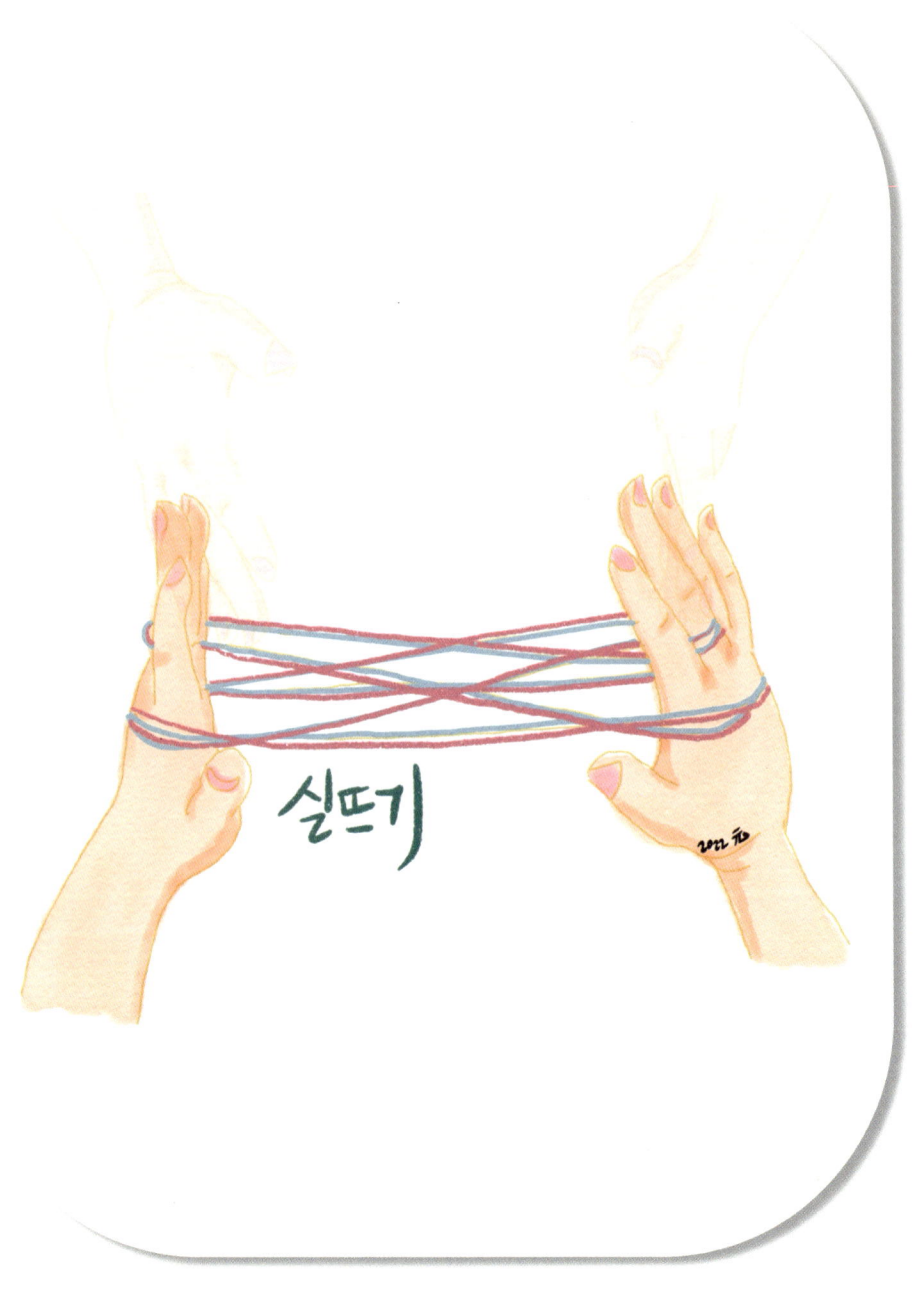

25
성공과 실패가 아닌 도전의 수업

오늘 수업은 어땠어? 유난히 수업이 힘든 날이 있지. 물론 그 반대의 경우도 있고. 그래서 교사들은 수업에 관해서는 나름의 업다운이 있는 것 같아. 오늘은 잘 되었는데 내일은 어떨까 불안해하기도 하고 말이지. 그런데 수업에도 성공과 실패가 있을까? 어떻게 생각해?

성공과 실패로 수업을 나누는 것은 시간이 지날수록 교사에게 불리하게 작용해. 많은 교사들이 지나온 수업을 돌이켜보면 성공했다고 느껴지는 수업보다는 실패했다고 느껴지는 수업을 더 많이 기억하니 말이야. 그건 아마 교사들이 가진 성정 때문이기도 할 거야. 자신이 열심히 했거나 잘해준 것은 당연한 것이고, 부족하게 준비했거나 잘 풀리지 않은 수업은 자기 탓으로 돌리는 성정 말이야. 그래서 성공과 실패로 수업을 바라보는 건 좋은 관점이라고 생각하지 않아.

난 오래전부터 수업엔 성공과 실패가 없다고 생각했어. 왜냐하면 성공이나 실패라는 단어를 사용하기에는 너무 많은 요소들이 수업에 관련되어 있기 때문이야. 일단 쉽게 생각해 봐도, 교사 혼자 수업의 성공과 실패를 규정할 수는 없을 거야. 아이들도 수업에 참여하는 주체이니까 말이지. 그리고 교사와 아이들만으로 수업이 이루어지는 것도 아니야. 그날 만약 학교에 정전이라도 일어났거나, 외부적인 사건 때문에 수업이 잘 진행되지 못했다면 어떨까? 이렇게 잠시만 생각해도 성공과 실패로 수업을 바라보는 것은 어렵다는 걸 알 수 있지. 그렇다면 어떤 시선으로 수업을 보면 좋을까?

난 수업을 '도전'이라고 생각해. 도전한다는 것은 자신에게 주어진 일에 최선을 다하는 것과도 연결되어 있지. 그리고 도전한다는 것에는 새로운 미지의 세계나 상황에 대한 나의 노력도 담겨 있어. 또 지금의 한계를 넘어 그다음의 단계로 나아가겠다는 의지도 포함되어 있지. 수업이 도전이라면 이 모든 것이 다 포함된 시간이 되지 않을까? 나에게 주어진 일에 최선을 다하고, 새로운 미지의 상황을 대비하는 노력, 그리고 지금을 넘어 더 높은 단계로 나아가는 수업 말이야.

26년이 넘는 동안 수업과 함께 살아온 나에게 도전과 관련된 원칙은 반드시 지켜야 하는 것이었어. 물론 지금도 마찬가지고. 그래서 새로운 상황, 알 수 없는 상황과 함께하는 수업이 주어져도 이제는 크게 불안하지 않아. 난 언제나처럼 도전의 마음으로 준비하게 될 테니 말이지.

도전의 수업, 넌 어떻게 생각하니?

도전의 관점으로 수업을 바라보는 경원이가.

#성공과 실패의 사슬

#성공과 실패가 아니라면 어떤 관점으로?

#도전의 수업 모습 상상하기

26
모순과 가치

 넌 사람들이 착하게 살아야 한다고 생각해, 아니면 나쁘게 살아야 한다고 생각해? 너무 당연한 질문 같지? 그런데 똑같은 질문을 요즘 학교를 다니는 아이들, 특히 저학년에게 한다면 어떤 대답이 나올 것 같아?

 얼마 전, 저학년 교실에서 전래동화 속 주인공 이야기를 아이들에게 들려주고 이야기 속 주인공의 삶과 우리의 삶을 연결하는 수업을 했어. 전래동화 중에는 '권선징악'을 내용으로 한 이야기가 많아. 착한 사람은 잘살게 되고 나쁜 사람은 벌을 받는다는 이야기 말이지. 그런데 이상한 일이 생겼어. 전래동화 속 주인공처럼 착하게 살아가는 것에 대해 어떻게 생각하냐는 질문에, 몇몇 아이들은 이렇게 대답했지.

"선생님, 전 착하게도 나쁘게도 살고 싶지 않아요."

어때? 굉장히 지혜로운 대답같이 느껴지지. 처음엔 나도 아이의 말에 감탄했어. 그런데 문제는 그 대답이 아이에게서 온전히 나온 대답 같지 않았어. 그래서 다시 물어봤지. 착하게 사는 것에 대해서 어떻게 생각하는지 말이야.

"글쎄요. 그냥 착하게 사는 게 뭔지 잘 모르겠어요."

넌 아이의 이런 반응에 대해 어떻게 생각해? 아이의 첫 대답이 아이가 스스로 경험하고 깨달은 것을 바탕으로 만들어진 대답일까? 그리고 착하게 살아가는 것이 무엇인지 모른 채 살아가도 괜찮은 걸까? 물론 굉장히 포괄적인 질문이라는 건 인정해. 하지만 저학년이라면 다른 사람과 친하게 지내고, 나쁜 일을 하지 않고 살아가는 것이라는 정도의 대답은 할 거라고 기대할 수 있잖아?

아무리 자유로운 시대이고 다양한 가치가 공존하는 세상이라 하더라도 착하고 바른 것이 무엇인지, 나쁜 행동을 했을 때 어떤 책임을 지게 되는지 등 어릴 때 형성되어야 할 기본적인 가치는 분명 존재해. 그래서 나는 이런 상황이 당황스럽고 염려스러워.

그럴 때는 주로 '모순'의 개념을 이용한 수업을 해. 앞에서는 "착하게 살아야 한다고 생각하는 사람은 손 들어보세요."라고 물었다면, 모순의 개념으로 질문한다면 다음과 같이 할 수 있지. "허구한 날 다른 사람들과 싸우고 미워하며 살고 싶은 사람은 손 들어보세요."라고 말이지. 이렇게 질문하면 아무도 손을 들지 않아. 당연하게도 말이지. 그리고 바로 모순적인 질문을 해. "그러면 방금 선생님이 말한 것처럼 살기 싫은 사람은 손 들어보세요."라고. 그러면 모든 아이가 손을 들어. 그러면 다시 손을 든 친구들에게 이렇게 이야기해. "여러분이 손 든 상황이 착하게 살아가는 것과 관련이 있을까?"라고 말이야. 그러면 아이들은 착하게 사는 것이 무엇인지 이야기하기 시작하거든.

어때, 이런 방법?

아이들이 기본적이고 핵심적인 가치를 가지길 원하는 경원이가.

반대와 모순의 차이

기본적인 가치 교육

다가치 사회에서 우리가 고려해야 할 점은?

27
수업 중 이야기 : 경원쌤의 알콩달콩 팁

질문과 수업

수업 시간 중 학생들은 궁금한 점을 물어볼 수 있습니다. 그리고 그런 질문이 활발할 때 교사는 수업을 만족스럽게 느끼기도 합니다. 하지만 학생들로부터 근본적인 질문이 나오기는 쉽지 않습니다. 그래서 교사가 수업을 디자인하면서, 혹은 수업 중간에 포착된 중요하고 근본적인 의문을 질문으로 제시하는 것이 현실적이라 생각합니다.

파커 j. 파머, 《가르칠 수 있는 용기》, 김성환 옮김, 한문화멀티미디어, 2024.

'S'와 수업

수업은 수업이고 학급은 학급이고, 삶은 삶이라고 생각하는 것은 너무 기능적인 분류가 아닐까 합니다. 다른 세상살이와 마찬가지로 모든 것은 연결되어 있습니다. 수업 또한 단원이 끝났다고 해서 끝나는 것이 아니며, 그것이 새로운 시작점임을 생각하는 것이 더 삶의 방식에 어울릴 것이라고 생각됩니다.

이경원, 《학급의 탄생》, 행복한미래, 2020.

에너지와 수업

프로젝트형 수업의 장점은 아이들이 수업에 더 오래 머물며 자신의 에너지를 사용한다는 점에 있습니다. 아이들은 자신의 에너지를 사용하고 싶어 하는 욕구가 있고, 그 욕구를 수업 시간에 사용하면서 즐거워한다는 것을 생각하면 좋겠습니다.

꿈과 현실 사이의 비어 있는 공간

꿈을 가지라는 이야기는 누구나 할 수 있습니다. 하지만 꿈을 왜 가져야 하는지, 왜 높은 곳에 꿈을 두어야 하는지 설명하는 사람은 많지 않습니다. 교사는 아이에게 필요한 이야기를 들려주는 안내자라는 것을 잊지 말았으면 좋겠습니다. 그래서 아이와 함께 자신의 꿈에 관한 이야기를 나누기를 바랍니다.

무지개와 수업

무지개는 일곱 가지 색을 가지고 있습니다. 그리고 각각의 색은 누가 잘났고 못났는지를 따지지 않고 자신의 색을 빛낼 뿐입니다. 교실에서 수업하는 교사에게 아이들은 무지개의 색과 같은 존재입니다. 교사는 자신이 좋아하는 색만을 위한 수업이 아니라, 모두의 색이 함께하는 수업을 위해 노력해야 합니다. 내가 좋아하는 색의 수업만을 준비하는 것이 아니라 다양한 색이 반영된 수업을 준비해야 합니다.

수호믈린스키, 《아이들에게 온 마음을》, 고인돌, 2013.

리듬이 중요해

학교에서 힘들어하는 아이는 가정에서부터 어떻게 지내는지를 살펴야 그 해결책을 찾을 수 있습니다. 수업 시간의 문제에 대한 원인을 수업 시간에서만 찾는 것이 아니라, 수업과 관련된 모든 곳에서 찾는 것이 좋은 해결책을 찾아내는 지름길이 됩니다.

배우다

경험적으로 알 수 있는 것이 있습니다. 교사가 어떤 반을 맡아 1년을 함께 보내면 그 반 아이들이 담임 교사를 닮아간다는 것 말입니다. 교사의 모습과 생각까지도 수업에 영향을 주고, 그것이 아이들의 변화와 관련되어 있다는 것을 잊지 않는 것이 중요하다고 생각합니다.

이경원, 《교사의 탄생》, 행복한미래, 2018.

교사의 삶과 수업

아이는 교사에게 주저하지 않고 자신의 모든 일상을 이야기합니다. 반면에 교사는 아이에게 가려서 이야기해야 할 일들도 많습니다. 이런 관계는 깊어지기 어려울 것입니다. 가릴 것이 많아질수록 교사와 아이는 서로를 멀리하게 되고, 그것이 수업에 영향을 주게 되니까요. 교사로 나를 드러내며 살아가는 일은 그 자체로 수업을 이루는 중요한 요소가 된다는 것을 되새기면 좋겠습니다.

함께 만들어가는 앎

지금의 우리 삶은 근대화로 이룬 업적의 결과물입니다. 많은 이들이 풍족하고 안락한 삶을 얻게 되었습니다. 하지만 그것은 밝은 쪽에 서 있는 사람들에게 해당하는 말이며, 그 반대편에는 여전히 부족함과 불편함을 견뎌야 하는 사람들이 많습니다. 특히 기후 위기는 이런 우리의 삶을 다시 재정비하거나 재편성하기를 촉구하고 있습니다. 그동안 절대적으로 믿었던 것들에 대해 다시 생각해 보고 성찰하는 일, 교사가 가장 먼저 해야 할 일이라 생각합니다.

장용순, 《라캉, 바디우, 들뢰즈의 세계관》, 이학사, 2023.
지바 마사야, 《현대사상입문》, 김상운 옮김, 아르테, 2023.

손잡고 수업

수업에 참여하는 학생의 수준이 다 다른 것은 너무도 당연한 일입니다. 그럴 때 중간 단계에 맞춰서 수업을 디자인하는 것도 좋은 방법입니다. 하지만 더 중요한 것은 수업에 참여하는 모두가 서로를 위해 손 내밀 수 있는 교실을 만드는 것이라 생각합니다. 함께하는 수업, 손잡고 나아가는 수업이 필요하다고 말하고 싶습니다.

윌리엄 에어스, 《가르친다는 것》, 홍한별 옮김, 양철북, 2012.

메트로놈과 수업

학부모, 관리자, 교육청 등이 우리의 수업과 관련되어 있다는 것을 이해하는 것이 필요합니다. 이들이 교사가 나아가고자 하는 방향에 힘을 주고, 함께하는 존재가 되어주기를 바랍니다. 그럴 때 교사는 진정 수업에 힘을 쏟을 수 있고, 아이도 자신의 한계를 넘어 나아갈 수 있습니다.

요한 크리스토프 아놀드, 《아이는 기다려주지 않는다》, 전의우 옮김, 양철북, 2007.

손과 뇌의 연결

칠판에 쓰고 그리며 수업하려면 일정한 연습이 필요합니다. 미리 만들어놓은 자료를 보여주는 것이 아니라 교사의 의도가 반영된 필기가 되려면 연습해야 하기 때문입니다. 그래서 칠판 사용은 교사를 성장시키는 중요한 요소가 됩니다. 학습지를 미리 만들어 아이들에게 나눠주는 것도 좋지만, 그 내용을 칠판에 하나씩 순서대로 써가며 수업해 보는 것도 좋습니다. 아이들은 교사의 칠판 쓰기를 따라 하며 더 쉽게 더 많은 것을 얻을 수 있을 것입니다.

'들들들'도 재능이다!

수업에 일정한 행동 약속이 있으면 좋습니다. 손바닥 치기, '집중'과 같은 구호 외치기 등 말이지요. 그런데 이왕이면 그 행동 약속이 지금을 넘어 앞으로의 삶에도 필요한 것이면 더 좋겠다는 생각입니다. 졸업한 제자들이 시간이 흘러 어른이 되어도 '들들들'을 기억하고 지키기 위해 노력한다고 이야기할 때면, '들들들'의 중요성을 다시 생각하게 됩니다.

수업과 학습의 차이

인터넷 강의에서 명강사(?)라 알려진 분들의 강의를 들으며 공부하는 것이 익숙한 시대입니다. 그렇다면 인터넷 강의와 수업은 어떻게 다를까요? 인터넷 강의의 목표는 주어진 목적지를 향해 최단 거리로 달리는 것입니다. 인터넷 강의의 유명 강사들은 거침없이 자신이 아는 것을 쏟아내면서, 모르겠으면 반복하고 또 반복하라고 합니다. 자기 앞의 학생과 생각을 주고받으며 키워가는 것이 목표가 아니기 때문입니다. 그렇기에 강사가 인터넷 강의로 진행하는 시간을 이상적인 수업이라고 부르기는 어렵다고 생각합니다.

> 헨리 뢰디거 외,《어떻게 공부할 것인가》, 김아영 옮김, 와이즈베리, 2014.
> 아낫 바니엘,《기적의 아낫바니엘 치유법》, 김윤희 옮김, 센시오, 2022.

수업과 예술, 예술과 수업

수업을 어떻게 바라보는지는 무척 중요합니다. 그리고 수업을 바라보는 시선을 가지기 위해서는 스스로 수업에 대해 깊이 생각하는 기회를 가져야 합니다. 수업에 대해 고민할 땐 혼자서 하는 것도 좋지만 주변의 동료들, 특히 선배들과 이야기하는 것을 추천합니다. 선배들이 수업에 대해 가진 생각을 들어보면 분명 내가 생각하지 못했던 부분을 발견할 수 있을 테니까요. 그리고 학교에서 관리자로 근무하는 교장, 교감 선생님과도 수업 이야기를 해보시기 바랍니다. 교장, 교감 선생님은 가장 가까이 있는 우리의 선배님이니까요.

제시카 호프만 데이비스, 《왜 학교는 예술이 필요한가》, 백경미 옮김, 열린책들, 2013.
이혁규, 《수업-누구나 경험하지만 누구도 잘 모르는》, 교육공동체벗, 2013.
박진환, 《교사, 수업을 살다》, 교육공동체벗, 2020.

감정의 골짜기와 이성의 광장

수업 시간은 국가교육과정을 기반으로 하는 교육의 행위 중 가장 일선에서 학생들과 만나는 시간입니다. 즉, 수업은 공적인 활동으로 이뤄지는 것입니다. 이런 수업의 속성을 아이들도 이해하고 있습니다. 이미 아이들도 학교라는 공간이 공적인 곳이라는 것은 느끼고, 알고 있으니까요. 그래서 수업 시간은 모두에게 필요한 이성의 감각을 익히는 시간임을 교사도 아이들에게 설명할 수 있어야 하겠습니다.

베른하르트 부엡, 《왜 엄하게 가르치지 않는가》, 유영미 옮김, 뜨인돌, 2014.

연한 가시와 친절한 수업

아이들이 쏟아내는 거친 말과 행동은 보통 순간적인 경우가 많습니다. 시간이 조금만 흐르면 금방 멀쩡한 상태가 되는 경우가 많으니까 말입니다. 그래서 아이의 돌발행동에 너무 민감하게 반응하기보다는 안전상 위험 상황에 이르지 않을 정도로만 대처하고, 시간을 두고 기다리는 편이 좋습니다. 안정적인 상태가 되어야 교육적인 효과도 기대할 수 있습니다.

하이타니 겐지로, 《상냥한 수업》, 햇살과나무꾼 옮김, 양철북, 2018.

교사의 시선

학교에서 아이들은 교사의 인정과 칭찬을 무척 원합니다. 교사의 짧은 관심에도 아이들은 많이 달라진 모습을 보여줍니다. 그래서 교사는 아이의 작은 변화에도 민감하게 반응해 주는 것이 좋습니다. 그것을 통해 아이의 멋지고 빛나는 모습을 찾아주는 일은 수업을 원활하게 진행하는 것에 큰 힘이 됩니다.

엘렌 랭어, 《마음 챙김 학습의 힘》, 김한 옮김, 동인, 2011.

문틈에 발 끼우기 전략과 수업

'문틈에 발 끼워넣기'가 잘 적용되려면 먼저 교사의 세심한 관심이 있어야 합니다. 아이의 작은 변화까지도 살필 수 있어야 아이가 보이는 좋은 부분을 정확하게 이야기할 수 있으니까요. 작은 변화를 경험하게 하고, 그 경험이 큰 변화를 이끌게 하는 방식은 굉장히 유용한 방법이니 꼭 적용해 보시기 바랍니다.

최인철, 《프레임-나를 바꾸는 심리학의 지혜》, 21세기북스, 2021.

리처드 탈러 외, 《넛지》, 이경식 옮김, 리더스북, 2022.

수업의 목적

수업을 어떻게 보느냐에 따라 수업의 목적도 달라집니다. 지식과 정보에 집중하는 것을 넘어 그것들이 작동하는 배경이 되는 사고력에 집중하는 것은 매우 중요합니다. 우리는 그것들을 생각의 도구라고 부를 수도 있습니다. 생각의 도구에 대한 참고자료 중 가장 좋았던 것은 《생각의 탄생》이라는 책이었습니다. 참고해 보시기 바랍니다.

로버트 루트번스타인 외, 《생각의 탄생》, 박종성 옮김, 에코의서재, 2007.

재료와 수업

세상이 변한 만큼 학교에서 사용하는 물품도 달라져야 합니다. 기존의 사용 물품을 넘어 아이에게 더 좋은 경험을 줄 수 있는 물품으로 무엇이 있는지 항상 살피는 것은 수업의 질적 성장에 중요한 부분이 됩니다.

카라 플로토니, 《감각의 미래》, 박지선 옮김, 흐름출판, 2017.

아날로그와 디지털

오래전부터 음악은 레코드판을 사용하거나 테이프, CD 등을 사용해서 들었습니다. 그러다 디지털 기술이 발전하며 MP3가 등장했고, 현재는 스트리밍으로 음악을 듣습니다. 레코드판부터 CD까지가 아날로그로 음악을 듣는 것이라면 그 뒤부턴 디지털로 음악을 듣는 것이 되겠지요.

스트리밍으로 음악을 듣는 분들은 모두 아실 겁니다. 다양한 음악을 맘대로 고르고 들을 수 있어 매우 편리하다는 점을 말이죠. 반면 아날로그로 음악을 들으려면 준비할 것들이 많죠. 음악을 다양하게 들으려면 더 많은 수고가 필요합니다. 그런데 이런 상황이라면 누구나 아날로그가 아닌 디지털로 음악을 듣고 감상할 것 같지만, 최근 유행처럼 번져가는 현상이 있습니다. 바로 가장 불편하다고 여겨지는 레코드판으로 음악을 듣는 현상 말입니다. 이런 현상의 이유를 살펴보는 것이 아날로그와 디지털을 이해하는 방법 중 하나라 생각합니다.

디지털의 편리함을 넘어 불편한 아날로그를 사용하는 사람들은 한결같이 비슷한 대답을 합니다. 아날로그로 음악을 듣는 것이 더 따뜻하고 감성적인 느낌이라고 말입니다.

인간의 느낌과 감성은 인간을 행동하게 하는 중요한 요인입니다. 그래서, 무엇인가를 배울 때에도 느낌과 감성을 활용하는 것이 좋다는 생각입니다.

만프레드 슈피처, 《디지털 치매-머리를 쓰지 않는 똑똑한 바보들》, 김세나 옮김, 북로드, 2013.

최고의 공부법

교실 안, 모든 친구와 자기 생각을 나누는 것은 손해가 아니라 자기 생각을 키우고 넓히는 과정임을 아이들이 스스로 이해하게 만드는 일은 무척 중요합니다. 함께 나누는 것에 대한 이해가 부족하면, 아이 입장에서는 다른 친구들에게 자신의 것을 보여줘야 한다는 이야기를 듣고 반발이 생길 수 있기 때문입니다. 교사는 아이 스스로 함께 나누는 것이 얼마나 의미 있고, 그것이 자신에게도 도움이 되는 일임을 경험할 수 있도록 해야 합니다.

가벼운 엉덩이를 통한 공부법은 우리나라 교육과정의 핵심 키워드인 포용성, 창의성, 주도성 중 창의성과 포용성과도 깊은 관계를 가진 공부법이라 생각합니다. 창의성의 시작엔 모방이 있을 것이고, 나와 다른 친구들과 함께 나누며 포용성의 의미를 경험하게 될 테니까요.

실뜨기와 수업 주도성

어떤 것을 나누어 생각하는 것은 그것을 잘 이해하기 위해 중요한 수단이 됩니다. 하지만 그것은 이해의 수단이지, 그것이 본질적으로 나뉘는 존재라는 의미는 아닙니다. 나눠서 생각한다고 하더라도 그것의 본질은 상보적임을 잊지 않는 것이 수업 중 우리가 생각해야 할 중요한 부분입니다. 실뜨기 개념은 생태전환 교육을 공부하며 알게 된 로지 브라이도티의 생각입니다. 더 깊은 공부가 필요하신 분은 브라이도티의 글이나 들뢰즈의 글을 참고해 보시면 좋겠습니다.

로지 브라이도티, 《포스트휴먼》, 이경란 옮김, 아카넷, 2015.

질 들뢰즈 외, 《천 개의 고원》, 김재인 옮김, 새물결, 2001.

성공과 실패가 아닌 도전의 수업

최근 공개수업 후 이뤄지는 수업 협의회에서는 수업 중 잘한 부분과 못한 부분을 지적하는 형태로 진행하지 않습니다. 오랫동안 수업 협의회를 통해 수업의 잘된 부분과 부족한 부분을 이야기했지만, 그것이 수업의 질적인 개선에 도움이 되지 않는다는 점을 모두가 공감했기 때문입니다. 그렇다고 해서 수업 중 잘된 부분과 잘되지 못한 부분이 없다는 것은 아닙니다. 하지만 그것이 수업의 본질이 아님을, 수업은 잘되고 못되고를 모두 포함하면서도 앞으로 나아가는 시간임을 우리가 이해하고 바라보는 것이 필요합니다.

모순과 가치

반대의 개념은 한 가지가 아니므로, 선택하게 했을 때 모두가 동의하기 어려운 측면이 있습니다. 반면에 모순은 지금 정한 것이 아닌 모든 것에 해당되기에 선택이 좀 더 쉽습니다. 저학년 아이들에게 모순을 통해 반드시 알아야 할 부분을 강조하는 것은 효과적인 방법이 됩니다.

 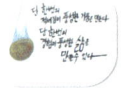

수업 전 편지

: 수업을 준비하며 고민하는 당신에게 드립니다!

1
교사와 〈흑백요리사〉

오늘은 TV를 보다가 편지를 써. 최근 가장 인기 있는 프로그램 중 하나는 〈흑백요리사〉라는 프로야. 요리하는 모습에 요리사 개인의 이야기가 잘 어우러져 세계적인 이슈가 되었지. 한편으론 무척 부러웠어. 프로그램에 출연한 요리사들의 열정과 노력을 보면서 말이야.

이 프로그램은 요리 프로그램이 가질 수밖에 없는 한계를 넘었다는 평가를 받았어. 요리 프로그램이라면 당연히 맛을 볼 수 있어야 할 것 같은데, 전 세계의 시청자들은 맛을 보지 못하는데도 좋아했지. 왜 그랬을까? 개인적인 생각으로는 프로그램에 출연한 요리사의 전문성과 그들이 가진 스토리에 반했다는 생각이야. 어떤 재료가 주어지더라도 그것의 진정한 맛을 끌어내는 전문성, 자신에게 주어진 일에 대한 투철한 소명의식, 그리고 그것을 지키고 성장하기 위해 노력하는 이야기 말이야.

어때? 우리 교사들도 이런 모습을 가지고 있는 것 같지 않아? 자신에게 주어진 상황에 맞추어 최선의 수업을 끌어내는 교사의 모습 말이지. 아이를 교육하기 위한 전문성을 가지고, 어떤 변화가 닥쳐오더라도 그것을 가장 교육답게 만드는 능력. 교사로 살아가는 것이 어떤 의미인지 받아들이고 그것에 헌신하는 교사의 모습 말이야. 그래서 난 〈흑백요리사〉에 등장하는 요리사들과 선생님들이 닮아 있다는 생각이 들어.

물론 다른 점도 있어. 바로 아이들의 존재 때문이지. 요리사는 자신에게 맡겨진 재료를 혼자 힘으로 다듬어 요리를 만들지. 재료를 어떻게 다룰지는 전적으로 요리사에게 달려 있어. 반면 교사는 수업을 혼자서 하지 않아. 아이들과 함께하는 시간이 바로 수업이지. 아이들과 함께하며 자신의 전문성을 발휘하는 수업. 어때, 흑백요리사 부럽지 않게 멋지게 살아가는 교사가 되어볼까? 오늘은 또 아이들과 어떤 수업을 만들어갈지 기대된다. 기회가 되면 네 이야기도 들려줘!

〈흑백요리사〉를 재미있게 본 경원이가.

#수업과 요리의 닮은점?

#수업과 요리의 다른점?

#수업과 요리

2
배움은 마음에서 머리로

    오늘은 학교에서 공부하는 것이 어떤 의미인지를 생각했어. 학교에서 공부하는 일은 어려운 일이고, 그래서 공부를 이끌어줄 사람이 필요해. 그러니 교사라는 직업이 있는 것이지. 누구나 자연스럽게 알게 되는 내용이라면 굳이 학교에 나와서 배울 필요가 없을 테니 말이야. 물론 자연스럽게 배울 수 있는 것이라도 그 기간이 너무 길어져 곤란한 상황이 될 수 있다면 그 또한 학교에서 공부할 내용이 될 수 있겠지. 아무튼 이렇게 학교라는 곳은 공부를 위해 존재하고, 공부라는 목적을 가지고 있어. 그것을 잘 조직하고 실천하는 사람이 교사야. 그래서일까? 대부분의 사람들은 무엇인가를 배운다는 의미를 그저 머리를 채우는 일로만 생각해. 교사도 머리를 가득 채운 사람, 머리가 좋은 사람이 되어야 한다고 종종 말하지. 물론 틀린 말은 아니야. 하지만 그것만으로 교육을 이야기하는 것은 중요한 것을 빼고 교육을 바라보는 실수를 하는 것과 같아.

　머리를 채우는 일은 물론 중요해. 논리적인 사고력을 가질 수 있고, 다양한 것을 기억하고 연결해 창의적인 결과를 만들어낼 수 있으니까. 하지만 그것만으로는 교육의 반, 즉 50%의 역할밖에 되지 않는 것 같아. 아무리 머리가 좋고 논리적인 사고를 할 수 있더라도, 잘못된 방향을 지향한다면 어떻게 될까? 그 좋은 머리로 남들을 괴롭히거나 사회에 큰 해를 끼치지 않을까? 물론 머리가 좋은 사람들 모두가 그렇다는 것은 아니야. 머리가 좋다고 꼭 좋은 사람은 아니라는 사실을 잊지 말자는 거지.

　그러면 어떻게 해야 이 문제가 해결될 수 있을까? 그래서 먼저 공부라는 행위는 자연스러운 행위가 아니라 의도적인 행위라는 전제를 앞에서 이야기했어. 교육은 매우 의도적인 활동인 것이지.

　의도적이라는 것은 자연적인 것과는 반대의 개념이야. 자연적이라면 높은 곳에서 낮은 곳으로 흘러야 할 물이, 의도적인 행위를 만나면 낮은 곳에서 높은 곳으로 흐르게 될 수도 있어. 우리는 흔히 '마음'이 가슴 쪽에 있다는 표현을 많이 해. 정말로 그런지는 모르겠지만 슬픈 일이 있을 때나 기쁜 일이 있을 때 가슴 쪽이 먹먹해지는 경험을 했기에, 그 말에 동의하는 편이야.

　그런데 우리의 신체 구조상 머리는 가슴보다 위에 있지. 만약 교육이 자연스러운 것이라면 머리를 가득 채웠을 때 그것이 자연스럽게 가슴으로 내려와 마음을 채워야 하지 않을까? 즉, 많이 배우고 똑똑한 사람은 마음도 가득 찬 멋진 사람이 되어야 할 거야. 하지만 그렇지 못한 현실을 우리는 너무 많이 만나지. 그래서 난 교육이 중요하다고 생각해. 교육이 의도적인 행위라면 우리가 배우는 방향도 머리에서 가슴이 아니라 가슴, 즉 마음을 먼저 채우고 그것이 머리를 채우도록 하는 것이 교육이어야 한다고 생각하니까.

학교라는 곳에서 아이는 공부를 열심히 하고 싶어 해. 하지만 동시에 학교에서 따뜻한 마음도 나누고 싶어 하지. 그래서 머리만 채우는 것이 아니라 마음도 가득 채울 수 있도록 교육이 이뤄지면 좋겠어. 그렇게 채워진 마음이 넘쳐흘러 머리로 올라가, 세상에 이로운 생각들을 할 수 있도록 말이지. 그게 교사로 살아가며 꿈꾸고 노력하는 나의 가장 중요한 목표야. 어때? 너도 그렇게 생각하니?

마음을 먼저 채우길 바라는 경원이가.

#마음 채우기

#의도성이 있는 것이 교육

#마음에서 머리로

3
마음이 모여서 수업이

　안녕, 오늘은 수업과 마음에 대한 이야기를 쓰고 싶어서 펜을 들었어. 수업을 준비할 때 가장 중요한 것은 교사의 마음인 것 같아서 말이야. 같은 내용을 가지고도 교사의 마음에 따라 수업의 과정이나 결과가 달라질 수 있으니 말이지.
　그런데, 교사의 마음만 있으면 되는 걸까? 물론 수업 내용은 당연히 교육과정을 따른다는 것을 전제로 하고 말이야.

　수업을 이끌어가는 책임을 가장 크게 가진 사람은 교사야. 여기서 중요한 부분은 수업을 이끌어가는 주체가 교사라는 이야기가 아니라, 수업에 대한 책임을 가장 크게 가진 이가 교사라는 점이야. 책임을 많이 가졌다는 것은 곧 가장 많이 신경 쓰고 관여해야 한다는 의미이기도 하잖아? 그래서 수업에 대한 교사의 마음이 무척 중요해.

하지만 수업은 교사 혼자서 하는 행위가 아니고, 너무나 당연하게도 아이들과 함께하는 것이지. 그렇기에 수업을 위한 마음이 교사의 마음으로만 한정되어선 안 된다는 생각이야. 아이의 마음도 수업을 이루는 중요한 마음이 되어야 하니까.

그렇다면 아이의 마음이 어떻게 수업으로 녹아들 수 있을까? 먼저 내가 만나게 될 아이들, 만나고 있는 아이들이 어디에 관심이 있는지 살피는 것부터 시작해야 해. 1학년이라면 1학년의 마음으로, 6학년이라면 6학년의 마음으로 말이야. 교사인 내가 아이의 관심사에 대해 알고 있어야 아이의 마음이 반영된 수업을 할 수 있어.

그리고 수업 중엔 적절한 질문을 통해 수업에 아이의 마음이 들어올 수 있도록 만들어야 해. 교사의 질문에 반응한 아이의 생각이 수업에 들어오게 되면 그 수업은 그때부터 아이와 교사가 함께 만들어가는 수업이 되니까. 그래서 교사는 좋은 질문을 할 수 있어야 하지.

이렇게 교사와 아이의 마음이 수업에 모아졌지만, 마음 하나가 더 필요해.

교사의 마음과 아이의 마음에 더해야 할 마음은 같은 시대를 살아가는 사람들의 마음이야. 어쩌면 교사의 마음과 학생의 마음속에는 같은 시대를 살아가는 사람의 마음이 이미 들어 있을 것 같아. 그런데도 이렇게 따로 언급하는 것은 교육활동이 현실과 동떨어져 있지 않기 때문이지. 교육이 우리 삶과 연계되어 있다는 것을 생각하면 당연한 이야기가 아닐까 싶어. 세상에서 지금 중요하게 생각하는 것은 무엇인지, 세상 사람들에게 필요한 마음은 무엇인지를 생각하는 것이지. 이렇게 세 가지 마음이 수업에 모였네. 어때, 교사와 학생, 시대의 마음까지 포개진 수업을 해볼까?

다양한 마음이 합쳐진 수업을 원하는 경원이가.

#교사 마음과 수업

#수업과 관련된 마음들

#교사, 학생, 시대의 마음

4
마음으로 연결된 수업

넌 사람들이 수업을 좋아한다고 생각해, 아니면 힘들어한다고 생각해? 이런 질문을 받으면 먼저 스스로는 수업을 어떻게 생각하는지 고민해 보게 될 거야. 음… 난 수업을 좋아해. 수업을 좋아하는 사람이 많을 것 같진 않지만. 난 수업을 듣는 것도 좋아하고, 수업을 하는 것도 좋아하지. 그래서 예전에 주변 동료들에게 이렇게 말한 적도 있어. "수업을 더 많이 하고 싶어!"라고 말이야.

수업이 우리에게 보여주는 조건들을 살펴보면 나처럼 수업을 좋아하기는 힘들 거야. 시간도 정해져 있고, 도달해야 할 학습 목표도 있으니까. 학년이 올라갈수록 학습의 양은 점점 늘어만 가고, 이전 학습이 지금 학습의 배경이 되기에 부담감도 점점 더 높아가지.

학습 내용을 덩어리로 표현하면 다양한 크기가 있을 거야. 단순하고 작은 덩어리도 있고, 크고 복잡한 덩어리도 있겠지. 그 크고 작은 덩어리들이 수업 시간 동안 우리가 해결해야 할 부분들이 돼.

그래서 보통의 학교 수업은 정해진 시간과 내용을 촘촘히 계획하고 그것을 그대로 따라만 하면 목표에 도달할 수 있도록 시스템을 만들어. 표준화된 과정을 따르면 학습 내용과 관련된 목표를 달성할 수 있게 만든 것이 지금의 학교 시스템이지. 대표적인 시스템의 산물이 교육과정을 기반으로 만들어진 교과서야. 그래서 대부분의 학교 수업에서는 교과서가 수업의 지침서이지. 교과서는 수업에 소요될 시간, 그 시간 동안 다룰 학습 내용도 고려한 꽤 과학적인 교육 도구야. 물론 질적인 측면에서도 훌륭하고. 하지만 교과서만 따라가다 보면 교사와 학생은 그저 따라가는 손님이 될 뿐이야. 수업의 주인공이 학생과 교사가 아니라 교과서가 된달까? 쉽지 않은 수업에 그저 참여만 하는 손님처럼 지내긴 싫었어.

그래서 난 선택했어. 나에게 주어진 교육과정과 수업을 마음으로 연결해 구성하기로 말이야. 수업이라는 빈 보자기 속에 나만의 방식으로, 아이들과 나눠야 하는 학습 덩어리들을 연결 짓고 담았어. 여기서 주목해야 할 부분은 '마음으로 연결'한다는 부분이야. 각 교과의 학습 덩어리는 서로 관련이 없어 보이지. 교과별로 나뉘어 있으니 더 그렇게 보여. 하지만 난 각 학습 덩어리들에는 서로 연결된 부분이 있고, 그 연결의 중심엔 '마음'이 있다고 생각해.

마음을 중심에 두고 연결한 학습 덩어리들은 수업을 통해 마음을 채우는 것에 효과적이었어. 아이들은 수업을 통해 소중히 해야 할 가치들을 생각했지. 학생과 교사가 수업의 주인공이 된 거야. 그렇게 우리의 수업은 다양한 학습이 연결되고, 통합된 마음으로 연결된 수업이 되었어. 이런 수업에 대해 넌 어떻게 생각하니? 같이 해보지 않을래?

마음으로 연결된 수업을 좋아하는 경원이가.

#학습의 연결

#학습과 수업

#마음과 수업

5
같은 색, 다른 색

 너 어릴 때 뭘 좋아했어? 난 어릴 때부터 뭔가를 그리고 색을 칠하는 것에 흥미가 있었어(소질이 있다는 이야기는 아니니 오해하지 말아줘). 그래서 곧잘 멋져 보이는 그림을 따라서 빈 종이에 그려보곤 했지. 요즘 난 빨강과 파랑, 노란색 크레파스로 무지개 그리기를 좋아해. 아이들과 수업 시간에도 무지개를 그리면서 마음을 나누기도 하니까.

 빨강으로 시작해서 주황, 노랑, 초록, 파랑 그리고 남색과 보라색을 만들어. 세 가지 색으로만 만들다 보니 남색과 보라색을 표현하기가 특히 어려워. 하지만 이렇게 그려진 무지개색이 난 무척 맘에 들어. 왜냐고? 이 무지개는 세상 하나뿐일 테니까. 내가 그린, 나만의 색으로 만든 유일한 무지개이니까 말야.

사실 수업도 그런 것 같아. 이름도 알 수 없는 누군가가 예전에 했던 수업을 하거나, 누군가 올려놓은 멋진 수업을 따라서 할 수도 있겠지. 내가 했던 수업을 다른 선생님에게 소개하고 그분이 내 수업을 따라서 하기도 해. 그런데 수업에 대한 반응은 모두 달랐어. 분명 같은 수업을 한 것 같은데, 전혀 다른 수업처럼 되어버리지. 그 이유는 앞에서 내가 그렸던 무지개 속 색들과 비슷한 것 같아.

누군가 내 무지개 속 색을 그대로 가져와 사용한다고 해봐. 내가 색을 섞어서 만든 남색과 보라색 말이야. 분명 비슷해 보이겠지만 같은 색은 아니지. 내가 만든 남색과 보라색은 색을 섞던 그 순간의 배합에 의해 만들어진 색이야. 겉으로 보기엔 다른 이가 가져다 사용한 색과 비슷하게 보일 순 있지만, 실제론 전혀 다른 색이지.

수업도 마찬가지인 것 같아. 누군가 올려놓은 멋져 보이는 수업은 사실 그 수업이 나오기까지의 수많은 시행착오와 도전이 켜켜이 쌓여서 나온 것이야. 그렇기에 그 수업에는 보이지 않는, 숨겨진 부분들이 많이 포함되어 있어. 그런데 누군가의 멋진 수업을 따라서 하면 모델이 된 수업의 배경과 원래의 상황은 빠질 수밖에 없으니, 결국 전혀 다른 수업이 될 수밖에 없어. 그래서 누군가의 수업을 그대로 따라 하는 것만으로는 정말 멋진 수업을 하기가 힘들어. 아무리 훌륭한 수업을 소개받아도 결국엔 자신만의 수업을 만들어야 하는 이유지.

결국 시행착오를 겪더라도 자신만의 수업을 위해 항상 도전해야 할 것 같아. 그리고 그 과정과 함께 쌓인 경험만이 자신만의 멋진 색을, 그리고 소중한 수업을 만들 수 있다고 믿어. 우리 같이 힘내보자!

자신만의 색을, 수업을 원하는 경원이가.

#나만의 수업

#멋진 수업 따라 하기

#왜 내 수업은 다른 사람들처럼 되지 않을까?

같은 색
다른 색

6
나침반과 지도

새로운 교육과정이 만들어진다는 이야기 들었어? 이번엔 어떤 교육과정이 소개될지 궁금하네. 난 우리나라의 교육과정에 대해 항상 좋게 생각하는 편이야. 나름대로 이유가 있고, 우리가 나아갈 방향을 잘 알려주는 것 같아서 말이지. 그런데 많은 교사들이 교육과정의 변화에 큰 관심이 없어. 왜냐하면 교육과정을 구체적으로 실천할 수 있도록 만들어진 교과서를 잘 사용하면 현장에서 수업을 하는 데에는 큰 어려움이 없으니까. 하지만 교사가 전문직인 이유는 주어진 교과서뿐만 아니라 교과서를 만드는 데 바탕이 되는 교육과정을 잘 이해한다는 의미가 포함되어 있지. 그래서 난 관심이 많아.

이번에 만들어지는 교육과정도 다양한 세계의 교육 동향이 반영되었다고 하네. 특히 코로나로 인해 온라인 학교에 관한 이야기도 교육과정에 들어 있다고 하니 그 모습이 궁금하기도 해. 새로운 교육활동에 대한 안내가 포함되는 것은 나쁘지 않아. 대신에 그것들에 대해 비판적 시선을 잃지 않고 바라보는 태도가 필요하지.

이번 교육과정은 OECD 보고서(Education 2030)를 많이 참고했다고 해. 그런데 보고서의 핵심적인 그림 가운데 큼지막한 '나침반'이 그려져 있네. 그리고 그림 속 학생 한 명이 손에 나침반을 들고 걸어가는 장면이 있어. 그러고 보니 얼마 전 PISA에서도 나침반에 대한 언급이 있었어. 왠지 나침반 이야기가 그냥 나온 것 같진 않아. 그래서 나침반의 의미에 대해서 생각해 보았어.

먼저, 나침반은 어떤 특징이 있지? 맞아. 나침반은 항상 같은 곳을 가리키지. 그래서 우리가 길을 잃지 않도록 도와주지. 지도도 그렇고. 그런데 지도는 구체적으로 우리가 어디를 가는지 알려주는데, 그에 비해서 나침반은 방향은 알려주지만 그밖의 구체적인 것은 알려주지 않아.

세상이 너무 빨리 변하고, 너무 복잡하다는 데 모두 공감할 거야. 당연하게 여기던 것들이 당연하지 않은 시대가 된 것 같고, 앞으로는 더욱더 그렇지 않을까 불안하기도 해. 예전엔 지도를 보고 어디를 어떻게 가면 되겠다고 계획을 세우면 그 계획대로 이뤄졌지만, 요즘은 그렇지 않은 시대가 된 것 같아. 얼마 전까지 있던 곳이 순식간에 사라지거나 다른 것으로 대체되는 세상이니까. 그래서 이젠 지도가 아니라 나침반을 가지고 살아가야 하는 세상이라고 우리에게 이야기하는 것 같아. 결국 지금의 시대를 대표하는 것은 이제까지 우리에게 길을 알려주던 친절한 지도가 아니라, 방향만을 알려주는 나침반이라는 것을 생각해야 해.

지도는 없고, 나침반만 존재하는 시대를 어떻게 살아가야 할지 난감하긴 나도 마찬가지야. 하지만 이제 자신만의 길을 만들어가야 한다는 생각은 분명해졌어. 비록 어렵고 시행착오도 많겠지만 함께 걷는 친구가 있다면 용기 내어 걸어볼 수 있을 것 같아. 어때, 같이 걸을까?

2022 개정 교육과정 논의 중의 어느 날 경원이가.

#지도의 시대에서 나침반의 시대로

#나침반의 특성은?

#나침반의 시대에 필요한 것은?

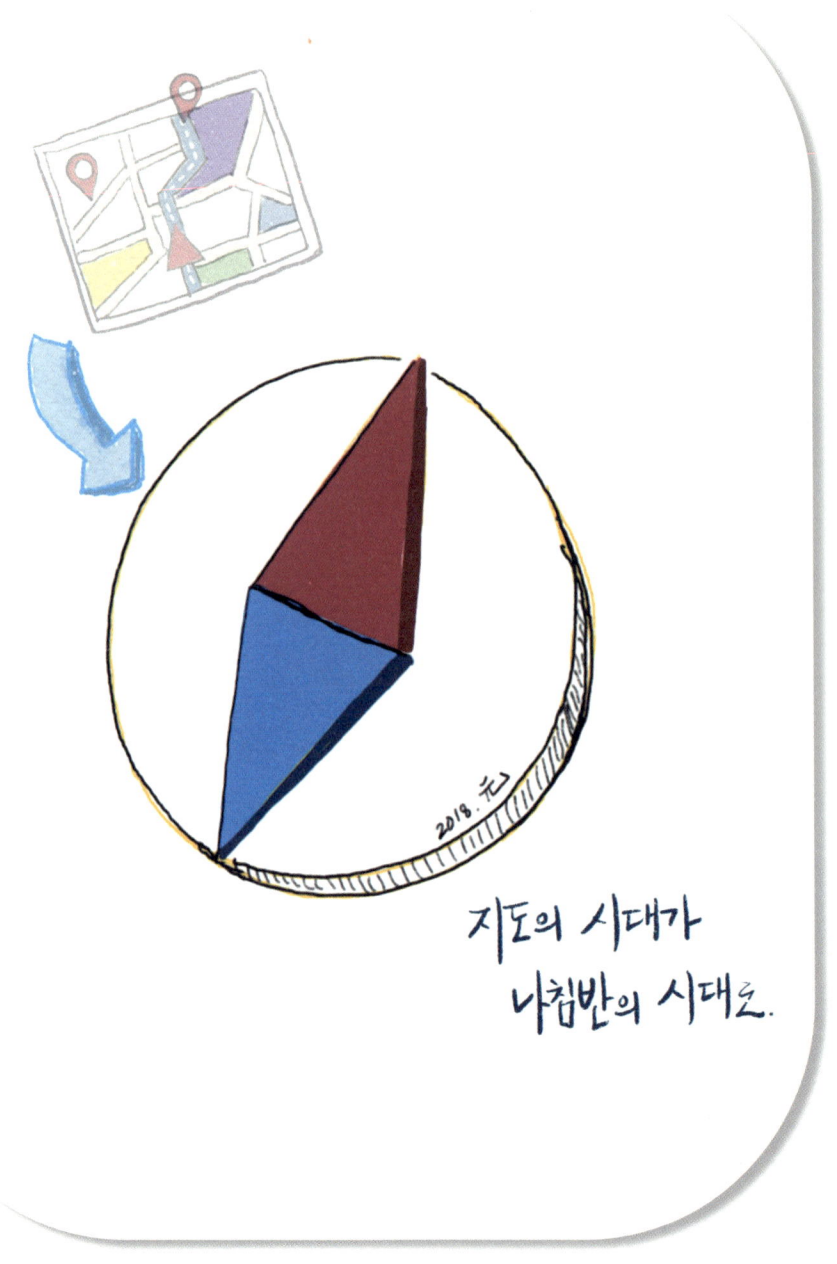

지도의 시대가
나침반의 시대오.

7
학교 교육과정

교육과정에 대한 이야기를 꺼낸 김에 조금 더 해보려고 해. 사실 교육과정을 살피는 일이 일반 교사에게 쉬운 일은 아닌 것 같아. 왜냐하면 지금 당장의 수업이 급하지, 교수들이나 연구자처럼 많은 내용을 분석하기는 어려우니까 말이야. 그런데 교육과정을 살피는 일이 필요하다고 해서 교수들처럼 분석하라는 이야기는 아니야. 현장 교사의 교육과정 분석은 세세하게 분석하기보다는 큰 흐름을 읽고 알아가는 것이면 충분하다고 생각해. 그렇다면 교육과정의 큰 흐름은 어떻게 알 수 있을까?

우리나라 교육과정에 관한 이야기는 'NCIC국가교육과정 정보센터'라는 사이트에 들어가 보면 알 수 있어. 그 사이트엔 그동안의 교육과정이 모두 다 탑

재되어 있으니까. 그렇다고 모든 자료를 다 다운받아서 보라는 이야기는 아니야. 일단 그런 곳이 있으니 더 궁금한 부분이 있으면 찾아보라는 이야기지. 그러면 어떻게 하면 되냐고? 일단 내가 정리해 놓은 그림을 참고하면 어때?

옆 장의 표에 우리나라 교육과정의 흐름을 간단한 블록 형식으로 정리해 보았어. 나름의 흐름이 있다고 생각하면서 말이야. 어떤 흐름이 보이는 것 같아? 일단 '주제'나 '통합' 같은 말이 꾸준히 등장하는 것이 보여. 우리나라 1, 2학년은 현재 주제 교과서로 배우고 있잖아? 교육과정의 흐름을 보면 이런 추세가 앞으로도 이어질 것 같아. 그리고 눈여겨봐야 할 부분은 이번에 새롭게 등장한 '학교자율시간' 부분이야. 창의적 체험활동이나 학교자율시간이나 둘 다 학교와 교사에게 더 큰 자율성을 부여하지. 결국 교육과정의 큰 흐름은 교사와 학교에 더 많은 자율성을 주려는 방향임을 알 수 있어.

이렇게 우리나라 교육과정의 흐름을 한번 훑어봤으니 이젠 실제 학교에선 어떻게 교육과정을 사용하면 좋을지 고민해 보려고 해. 그런데 그 고민에 앞서 교육과정이 가진 속성을 생각해야 해.

교육과정은 단순한 문서가 아니야. 다양한 시대적 요구와 다양한 집단과 존재의 욕구가 반영된 문서지. 그렇다는 건 교육과정 자체가 복합적이고 다가치적 성격을 가진다고도 볼 수 있어. 그렇다면 학교 교육과정의 모습도 이와 비슷하지 않을까?

교육과정은 나침반이다!

학교 교육과정을 구성한다는 건 다양한 집단의 요구와 다양한 시대적 상황을 학교의 실정에 맞게 조정하고 적용하는 것과 같은 의미야. 몇몇 사람들이 문서 편집의 기술을 발휘해서 뚝딱 만들어내는 문서가 아니라 말이야. 그래서 학교 현장에서 교육과정 적용의 첫 시작은 교육과정에 자신도 관련되어 있다는 걸 인식하는 것이지. 그리고 학교 교육과정이 좋은 문화와 좋은 수업을 펼치도록 하는 중요한 문서라는 것을 받아들여야 해. 그렇게 되기 위해 모두가 함께 노력해야 한다는 것도 잊지 않았으면 좋겠어.

함께하는 학교 교육과정을 생각하는 경원이가.

#교육과정의 흐름

#우리학교 교육과정

#학교 교육과정 구성하기 방법

8
고이지 않아야 자란다

너는 키우는 식물이 있니? 요즘 날씨가 좋아서 그런지 화분의 식물이 쑥쑥 자라는 것 같아. 그런데 실내에서 식물을 키울 때 불편한 점이 있어. 바로 물주기야. 물을 주면 화분 아래로 물이 흘러나오잖아? 그래서 물이 흘러나오지 않도록 물을 조금만 주거나, 다른 곳에서 물을 충분히 주고 기다렸다가 다시 가져오지. 사실 식물에게 더 좋은 것은 물을 충분히 주고 그것이 잘 빠져나갈 때까지 기다리는 것이지. 그런데 이렇게 화분에 물을 주다가 수업에 대해 생각했어.

화분을 구입해서 식물을 키우면 화분 속 상황에 대해서 잘 알지 못하는 부분이 있어. 하지만 어릴 때 한 번쯤은 화분 만들기를 해보았을 거야. 나도 초등학교에 다닐 때 화분을 만들어서 식물을 심었던 기억이 있으니까. 간단히 설명하면 다음과 같아.

화분은 기본적으로 아래에 물이 빠져나가는 구멍이 있지. 그리고 우선 구멍에 큰 돌을 놓아서 막히지 않도록 해. 큰 돌 위엔 조금 작은 돌을 놓고 그 돌 위에 실제 식물의 뿌리가 양분과 물을 흡수할 수 있도록 흙을 덮지. 그런데 만약 그 구멍에 큰 돌을 놓지 않으면 어떻게 될까? 너무도 당연하게 식물은 잘 자라지 못해. 왜냐고? 물이 빠지지 않으니 흙 속에 갇힌 물이 식물의 뿌리를 썩게 할 수 있으니까 말이야. 좋은 흙을 넣어야 하는 것도 있지만, 결국 화분 만들기에서 중요한 건 물이 잘 빠지도록 하는 거야.

난 이런 화분의 구조를 수업이라고 생각해 보았어. 수업을 하는 데에는 다양하고 많은 내용이 있어. 바로 What(씨앗이라고 생각했어) 말이야. 그리고 우린 그 내용을 어떻게 다루면 좋을지 고민하지. 바로 How(좋은 흙)야. 보통의 수업이라면 이 두 가지만 챙겨도 진행될 수 있어. 앞에서 화분에 물을 줄 때 흘러나오지 않도록 물을 조금만 주는 것처럼 말이야. 뿌리가 자라는 곳까지만 물이 닿아도 식물은 자랄 수 있으니까. 하지만 수업에 대해 고민하는 교사라면 그 이상을 생각해. 바로 이 수업이 가진 의미인 Why(물이 스며드는 작은 돌)를 말이지. 하지만 그것만으로 수업이 다 된다고 생각하진 않아. 결국 수업에 참여하는 교사와 학생이 누구인지를 생각하는 Who(구멍 앞의 큰 돌)가 있어야 할 테니 말이야. 이렇게 마지막 큰 돌인 Who까지 갖춰졌을 때 우리의 수업은 쑥쑥 자랄 수 있어. 물이 고이지 않을 때 씨앗이 잘 자라잖아.

바쁘고 힘든 학교에서 Why와 Who까지 챙기는 일은 쉽지 않을 거야. 하지만 그렇게 해서 아이들이 잘 자랄 수 있다면 도전해 봐야 하지 않을까?

날 좋은 아침, 화분에 물 주던 경원이가.

#식물의 자람

#화분 속 구조와 수업

#난 어느 단계까지일까?

9
나 그리고 남

요즘 세상이 참 복잡하고 시끄러운 것 같아. 그래서일까? 나와 다른 존재는 배척하고 가까이하지 않으려는 세상이 야속하기만 해. 이런 세상에서 우리는 어떤 삶의 모습을 유지하며 살아가야 할까?

잠시 눈을 감고 네가 학교에서 만나고 있거나 만났던 건강한 아이를 떠올려 봐. 생각만으로도 입가에 미소가 지어지는 아이 말이야. 그러면 이젠 그 아이가 어떤 행동을 하는지 생각해 봐. 어때? 어떤 이미지가 떠올라? 물론 예쁜 외모나 신체가 건강한 아이의 모습일 수도 있겠지. 하지만 내가 생각하는 건강한 아이는 그런 외적인 부분만을 말하는 게 아니야. 그러니까 '벽이 없는 아이'라고나 할까? 어느 누구와 있어도 자연스러운 웃음과 부드럽고 친절한 말, 그리고 배려 가득한 행동을 조심스럽게 하는 아이지. 그렇다고 장난기가 없는 아이를 말하는 건 아니야. 장난을 치더라도 바르고 고운 행동을 지켜나가는 아이 말이지. 이런 아이는 학교라는 공간에서 정말 자유롭게 살아가지. 학교 어디에서도 항상 환영받으며 지내기에, 학교의 모든 곳이 자신의 공간인 것처럼 행동해. 이런 아이의 모습을 '남'이라는 글자를 가지고 설명하려고 해.

'남'이라는 글자의 뜻은 누구나 알고 있어. '나'라는 글자에 'ㅁ'을 붙여서 '남'이라는 글자가 되었고, 나와 다른 존재를 뜻하는 말이지. 그런데 이렇게 생각해 보면 어떨까? 'ㅁ'이 '나' 밑에 받침으로 들어가는 것이 아니라 '나'를 둘러싼 모습으로 말이야. 'ㅁ'이 나를 사방팔방 막고 있는 견고한 벽이 되어 나와 다른 존재를 분리하는 모습 말이지. 나와 남을 철저히 분리하고 살아가는 존재. 우리가 바라는 나와 남의 관계가 이런 것일까?

학교에서 만나는 건강한 아이는 나와 남을 분리하는 아이가 아니야. 나를 둘러싼 'ㅁ'을 넘어 소통하고 만나는 아이지. 그래서 앞에서 벽이 없는 아이라고 말했어. 이런 아이 주변엔 많은 사람이 미소를 띤 채 모여들어. 누가 이런 아이를 미워할 수 있을까? 그리고 이런 삶의 모습은 아이에게만 가능한 것이 아니야. 요즘의 사회, 그리고 학교의 모습에서 우리가 꼭 닮아야 할 모습이 바로 여기에 있어. 나와 남의 경계를 허물고 함께하는 삶 말이지.

그래서 우리의 수업도 경계를 짓기보다는 경계를 넘어 함께하는 모습이면 좋겠어. 내 교실의 벽을 넘어 함께 소통하는 수업 말이지. 나와 남의 수업에 대해 진심으로 서로 나누고 함께하는 수업 말이야. 일단 너와 내가 먼저 경계를 넘어 함께하면 어때? 건강한 아이들을 따라서 말이야.

교실에서 빛나는 모습의 아이를 보며 경원이가.

#남의 의미

#건강한 아이의 모습

#우리는 어떻게 살아야 할까?

10
전체의 힘

넌 어릴 때 어떤 성격이었어? 어릴 때 난 외향적인 성격이 아니었고, 시끄럽고 번잡한 것을 좋아하지 않았어. 그래서 나보다 어린 동생들과 잘 놀아주지 않았어. 그랬던 내가 교사가 되어 아이들 속에서 신나게 살아가는 모습이 나조차 낯설긴 해. 하지만 학교를 벗어나면 난 여전히 내향적인 성격이고, 혼자 조용히 있는 것을 좋아해.

내향적인 성격인 내가 좋아하는 것은 조용히 생각하는 일이야. 그리고 생각한 것을 짧게라도 메모하는 습관이 있어. 요즘은 클라우드 서비스가 잘 되어 있어서 어디서든 메모를 작성해서 저장할 수 있고 다시 볼 수 있어서 좋아.

그렇게 나만의 생각들을 오랫동안 모았어. 그러면서 자연스럽게 알게 되었지. 작은 것들이 모여서 만들어낸 전체가 가진 힘을. 메모 한 개, 두 개가 모여서 백 개가 되고, 그것이 천 개가 되는 과정에서 말이야.

좋아하는 영화나 드라마를 보거나 책을 읽으면서도 난 생각을 모아갔어. 처음엔 이런 조각들이 무엇을 보여줄지 몰랐어. 하지만 어느 순간, 내가 모아온 조각들이 거대한 퍼즐을 완성하는 중요한 조각들이라는 생각이 들었어. 나에게서 나온 조각들이 결국 나라는 존재를 제대로 볼 수 있는 성찰의 거울 조각임을 알게 되었지. 그렇게 내 삶의 성장을 이뤄낼 수 있었어.

그리고 이런 성장은 내 개인의 삶에만 영향을 준 것이 아니야. 처음 교사가 되어 10년을 지내는 동안 내가 고민했던 것들이 조각들 하나하나였다면, 그 조각들이 쌓이며 하나의 형태를 이뤄가기 시작했어. 수업의 형태로 말이지. 그리고 멋진 학교에서 교장, 교감, 동료 교사들을 만났지. 내가 만들어온 조각들이 어떤 형태, 어떤 수업으로 만들어졌을 때 의미 있는 교육이 될 수 있을지 알게 한, '혁신학교'에서 말이지.

혁신학교는 나에게 그동안 모아온 내 조각들을 어떤 형태로 만들면 좋을지 선택하고 실행할 기회를 주었어. 난 거침없이 형태를 만들기 위해 도전했고. 그리고 나만의 형태, 우리들의 형태를 만들었지. 그렇게 난 여러 교과를 연결하고 융합한 주제 중심 교육과정(프로젝트형 수업이 기반이 된 교육과정)을 실천할 수 있었어.

누구나 작은 조각들을 많이 모을 수 있어. 하지만 그 조각들을 모으기만 하는 것과 그 조각들을 가지고 형태를 만드는 것은 분명 달라. 작은 조각들이 느슨하게 연결되고, 떨어져 있더라도 그것이 하나의 형태를 이뤘을 땐 강력한 힘을 냈어. 그 힘이 나와 아이들 모두를 배움의 길로 이끌었어. 그리고 그 힘이 지금의 나를 만들어가고 있어.

그래서 제안하고 싶어. 너도 너만의 조각들이 있을 거야. 충분히 모았다는 생각이 들면 그것으로 어떤 형태든 만들어가면 좋겠어. 그러면 어느새 너만의 교육이 만들어질 거야!

혁신학교 15년의 수업을 돌아보며 경원이가.

\#부분과 전체의 힘?

\#어떤 모양으로 보이나요?

\#어떤 형태를 만들어야 할까?

11
프로젝트형 수업과 배움

　네가 지금까지 만났던 아이 중 가장 똑똑했다고 기억되는 아이가 있어? 난 천재라 불릴 만한 아이도 만나봤고, 천재까진 아니더라도 무척 똑똑해서 앞으로가 무척 기대되는 아이도 만났어. 공통점을 꼽자면 그 아이들은 다양한 책을 읽어서 폭넓은 배경지식이 있었고, 그것을 논리적으로 잘 활용했지. 그리고 새로운 상황을 만나면 그 상황을 하나씩 풀어가는 문제 해결력도 뛰어났어. 그래서 수업 시간에 교사인 내가 하나를 알려주면 마치 속담에 나오는 말처럼 열 개를 알아가는 듯한 모습을 볼 수 있었지. 하지만 26년이 넘는 기간 동안 그런 아이를 만난 건 다섯 손가락에 꼽을 정도야.

　대부분의 아이들은 아직은 더 많은 배경지식을 쌓아야 하고, 논리적인 사고력도 키워야 하는 상황이지. 그런 모습이 일반적이고, 앞에서 이야기한 천재 같은 아이가 특별한 경우니까. 우리가 책임지는 공교육의 일반적 기준은 천재 같은 아이들이 아니야. 그런데 이런 상황에서 천재 같은 아이도 만족하고, 다른 모든 아이들도 만족하는 교육이 가능할까? 난 그 가능성의 해답을 프로젝트형 수업을 통해서 찾았어.

우리가 이상적으로 기대하는 배움의 모습은 스스로 자신의 배움을 구성하는 것이야. 무엇을 배우든 자기 경험과 느낌을 바탕에 두고 자신만의 배움을 만들어가는 것 말이야. 그런데 문제가 있어. 자신만의 배움을 만드는 것도 쉽지 않고, 충분한 사전 경험과 다양한 지식이 필요하다는 점이지. 특히, 보통의 아이에게 "넌 너만의 배움을 만들어야 해!"라고만 말하고 기다리는 건 어떤 면에선 무책임한 것 같다는 생각이 들었어. 그러면 천재 같은 아이들은 가능했을까? 물론 일정 부분은 가능한 것처럼 보였지만, 그들도 아이였기에 더 넓고 높은 사고에 도달하는 덴 한계가 있었지. 더 넓고 높은 사고에 도달하려면 다양한 경험이 필요하다는 것을 알 수 있는 부분이야. 이런 상황에서 내가 찾아낸 해답이 바로 프로젝트형 수업 중 주제 중심 프로젝트 수업을 이용하는 것이었어.

현재 우리가 알고 있는 학교 교육과정은 국어, 수학, 사회, 과학과 같이 각 교과의 특징을 가지고 나뉘어 있지. 그래서 선생님은 각 교과별로 특징을 살려서 수업을 해. 아이 입장에서는 다양한 과목을 배우며 그것을 스스로 자신만의 배움으로 만들어야 하는 과제를 안게 되지. 그런데 주제를 중심에 둔 프로젝트형 수업은 이렇게 나눠진 교과를 일정한 '주제'를 중심으로 묶고, 그렇게 묶인 것을 중심으로 수업을 진행해. 그리고 그 주제와 관련된 공부를 교사와 함께 고민하고 탐구하지. 아이 혼자서 만드는 것이 아니라 교사와 친구들이 함께 만들어가는 수업이 프로젝트 수업이니까.

예를 들어 '공동체'라는 주제를 프로젝트형 수업으로 진행한다면, 공동체와 관련된 수업을 국어 시간에도, 사회 시간에도, 과학 시간에도 하는 거야. 각 교과의 내용이나 방법이 '공동체'와 어떻게 연결되는지, 왜 연결되게 구성했는지를 아이와 직접 나누며 조정하고 활동하지. 관련 없어 보이던 교과 내용과 수업 방법들이 연결되고 융합하는 과정을 교사와 학생이 동시에 경험하는 수업이야. 이런 수업은 교사 혼자 만들어가는 것이 아니라 아이와 함께 만들어간다고 생각하면 좋을 것 같아.

이렇게 했을 때 좋은 점은 교사와 학생 모두, 지금의 수업이 왜 필요한지 알게 된다는 점이었어. 수업이 그 시간만으로 끝나는 것이 아니라 내 삶에 어떤 영향을 줄 수 있는지를 생각하게 되는 거지. 수업에서 배운 내용이 실제 자신의 삶과 어떻게 연결되는지 알게 된 아이는 경험과 느낌을 살려 자신만의 배움을 만들어가는 데 도움을 받아.

나는 15년간 프로젝트형 수업을 진행했고, 지금도 프로젝트 형태의 수업을 하고 있어. 내가 진행한 프로젝트형 수업은 거의 모든 교과를 통합하고 진행했지. 그렇다 보니 교과서대로 하는 수업은 거의 없었어. 주제를 중심으로 계속해서 새로운 수업을 고민했고, 아이들과 함께 만들어갔지. 그리고 난 보았어. 보통의 아이도, 천재 같은 아이도 모두 수업을 정말 좋아하고 수업에 빠져드는 모습을 말이야. 한번은 수업 시간에 한 아이가 벌떡 일어나 "선생님, 이 수업 완전 대박이에요. 너무 좋아요!"라고 외치는 순간도 경험했어.

어때? 이런 수업, 꽤 매력적으로 보이지 않아? 물론 쉽게 계획하고 실행할 수 있는 수업은 아니야. 하지만 의미 있고 도전해 볼 만한 수업인 것은 확실하지. 한번 해볼래?

프로젝트형 수업을 다시 돌아보며 경원이가.

#주제 중심 교육과정
#보통의 아이와 천재 같은 아이의 배움은 다를까?
#자신의 배움은 어떻게 만들어질까?

12
모닝글로리와 수업 불안

나팔꽃을 영어로 뭐라고 하는지 알아? 맞아. 모닝글로리(morning glory)라고 해. '모닝'이라는 단어와 '글로리'라는 단어가 합쳐진 단어잖아. 그러면 무슨 뜻일까? '아침의 영광' 정도 되겠지? 왜 그런 뜻을 가지게 되었는지 이야기해 보려고 해.

교사로 살아가며 가장 힘든 시기가 언제일까? 내 경우엔 초임 교사로 발령 받고 5~6년이 되기까지의 기간이었어. 그 시기엔 무엇을 어떻게 해야 할지도 잘 몰랐고, 지금 내가 가고 있는 길이 맞는지도 확신할 수 없었어. 엄청나게 불안했지. 그저 하루하루를 아이들 속에서 살아가며 잠시 잊을 뿐. 당시엔 교사를 계속해야 하는가에 대한 고민도 함께 있었어. 하지만 시간이 흘러갔고 매일의 일상에 집중하다 보니 어느새 그 시기가 지나갔어. 그리고 나만의 교육을, 나만의 수업을 조금씩 만들어가기 시작했지. 그렇게 26년이 넘는 기간 동안 나는 교사로 지내왔어. 돌이켜 생각해 보면 어둡기만 하던 앞날에 대한 고민이 나를 성숙시켰다는 생각이 들어. 그래서 그 어둡고 불안했던 시기가 결과적으로 내게는 소중한 시간이 되었어.

나팔꽃의 영어 단어가 '모닝글로리', 즉 '아침의 영광'이라고 했잖아? 예전에 어떤 과학자가 나팔꽃이 아침 햇살과 함께 꽃을 피우는 것을 관찰했어. 그리고 궁금해했지. 정확하게 나팔꽃이 언제 꽃을 피우는지 말이야. 아침 햇살을 받아서 꽃이 피는지, 아니면 그 전에 피는지 같은 호기심 말이지. 그래서 그 과학자는 밤을 새워가며 나팔꽃을 관찰했대. 언제 꽃이 피는지 정확히 확인하기 위해 주변을 환하게 하고서 기다렸지. 그런데 문제는 관찰하기 시작한 뒤부터, 아침이 되어도 나팔꽃이 꽃을 피우지 않더라는 거야. 그동안 아무 문제 없이 꽃을 피우던 나팔꽃이 갑자기 그러니까 당황했지. 그런 날들을 보내다가 나중에야 알게 되었다고 해. 나팔꽃이 꽃을 피우려면 일정한 시간의 어둠이 있어야 한다는 사실을 말이야. 저녁이 되고 어두운 밤의 시간을 거쳐야만 나팔꽃은 아침 햇살과 함께 꽃을 피운다는 사실을 말이지. 그래서일까? '아침의 영광'이라는 말이 더 의미 있게 다가와.

교사의 삶도 마찬가지가 아닐까? 지금 내 수업이 불안하고, 부족하다고 느낄 수 있어. 앞으로는 또 어떻게 될지 깜깜하기만 해. 하지만 분명한 건 어두운 시간, 즉 밤이 영원하진 않다는 점이야. 밤이 되었다는 건 결국 아침이 오고 있다는 의미이기도 하니까 말이지. 그래서 지금 불안하다면, 지금 내 수업이 만족스럽지 않다면, 그 또한 내가 겪어야 할 일이라는 걸 생각하고 묵묵히 견뎌내기를 바랄게. 그렇게 시간이 흘러 아침이 찾아오기를 기다린다면 분명 찬란한 아침 햇살과 함께 멋진 꽃을 피울 수 있을 테니까 말이야. 우리 같이 힘내자!

수업이 마음대로 되지 않는다는 후배와 이야기한 후, 경원이가.

#초임 교사

#수업과 기다림의 시간

#모닝글로리의 의미는 무엇일까?

일정시간의 어둠이
　　나팔꽃을 꽃 피게 함을...

13
눈덩이 효과와 수업 경험

오늘은 바깥에 눈이 많이 오네. 운동장엔 벌써 아이들이 눈과 뒤엉켜 있어.

넌 눈 오는 날을 좋아하니? 난 부산 출신이라 어렸을 땐 눈을 거의 보지 못했어. 그래서인지 어른이 된 지금도 눈이 오면 마냥 좋기만 해. 예전엔 눈이 오면 밖으로 나가 눈사람도 열심히 만들었지. 아, 그리고 눈이 많이 올 땐 반 아이들과 함께 이글루 만들기를 하면 너무 재미있어. 고추장이나 된장을 담았던 플라스틱 통에 눈을 꾹꾹 눌러 담아 벽돌처럼 만든 후 쌓아가면 만들 수 있어.

눈사람을 만들어본 사람은 알아. 눈사람을 만들기 위해서는 일단 작은 눈뭉치를 만들고, 그 뭉치에 계속해서 눈을 덧붙여야 해. 그렇게 조금씩 조금씩 눈덩이를 키워나가야 하지. 처음엔 눈 뭉치가 커지는 데 시간이 오래 걸려. 쉽게 부서지기도 해서 조심해야 하기도 하고. 하지만 눈 뭉치가 제법 커지는 순간이 오는데, 그때부턴 잘 부서지지 않아. 본격적으로 눈 쌓인 땅에서 굴릴 수 있어. 그렇게 한 번 구르는 것만으로도 그동안 손으로 눈을 붙이던 것보다 몇 배의 크기로 불어나. 눈 뭉치의 크기가 커질수록 한 바퀴 굴릴 때의 크기는 더욱더 커지고 말야. 이런 현상을 '눈덩이 효과(snowball effect)'라고 한다지?

눈덩이 효과는 시작은 작아도 시간이 지날수록 점점 효과가 커지는 과정을 이르는 말이지. 예전엔 부정적인 의미를 설명할 때 많이 사용했다고 하는데, 난 긍정적인 의미로 더 많이 사용하고 있어. 교사와 같은 전문직의 성장이 꼭 눈덩이 효과와 비슷하게 느껴지기 때문이지.

교사는 다른 직업과 다른 부분을 가지고 있어. 문서와 매뉴얼이 필요하지만, 그것만으론 설명할 수 없는 다양한 일들을 동시에 수행해야 하지. 무엇보다 경험이 엄청나게 중요한 직업이야.

수업에서도 마찬가지지. 수업안을 최신 이론에 맞게 구성해도 실제 수업은 전혀 다르게 전개될 때가 더 많으니까. 수업 시간에 만나는 아이들에 대해서도 마찬가지야. 결국 아이들을 이해하려면 경험이 최고야. 아무리 책을 들여다보고 외우다시피 해도 결국엔 내 앞의 아이와 내가 얼마나 상호작용하느냐가 중요하니까. 책으론 알 수 없는 영역이 너무 많지.

초임 교사는 대학에 다니며 배운 이론과 실습 경험을 가지고 수업을 시작해. 수업을 디자인하고 준비하는 과정에선 할 만하다는 생각이 들 거야. 그런데 막상 수업을 시작하면 생각처럼 되지 않아. 그리고 그것을 어떻게 해결해야 할지 고민하게 되지. 그렇게 조금씩 조금씩 교사의 경험이 뭉쳐져 가는 거야.

처음엔 속도가 너무 느려서 자신에게 필요한 경험이 쌓여가는지도 잘 알 수 없어. 하지만 일정 시간이 지나 경험이 쌓이면 그 이후론 더 많은 경험치가 더 쉽게 쌓여가는 걸 알 수 있지. 바로 눈덩이 효과처럼 말이야. 눈덩이 효과는 서서히 시작되고 처음엔 잘 체감되지 않지만, 분명히 존재해. 지금 넌 어떤 단계에 있는 것 같니? 한번 굴려볼래? 네 눈덩이가 얼마나 커지는지?

펑펑 눈 오는 날 교실 밖 운동장을 보며, 경원이가.

#눈덩이 효과

#눈덩이는 어떻게 커질까?

#수업 경험과 교사 성장

14
설명할 수 없는 경험

넌 오늘 뭘 하며 지냈니? 난 오랜만에 집에서 쉬면서 영화 한 편을 보고 있어. 그런데 영화를 보던 중 이런 대사가 내 마음에 와닿았어.

"어떤 것은 설명할 수 없고, 경험할 뿐이다."

〈Fountain of youth〉 중에서, 애플TV

설명과 경험은 분명 다르지. 하지만 우리는 경험하지 않고도 설명으로 그 상황이나 일을 상상하게 할 수 있어. 인간이 가진 중요한 능력 중 하나가 간접 경험을 할 수 있는 능력이야. 그 주요 도구 중 하나가 언어겠지. 그래서 우리는 설명을 통해 더 많은 경험을 하지.

그런데 영화 속에서 저 대사를 듣는 순간 머리가 띵해지는 걸 느꼈어. 바로 내가 마음속으로 찾던 문장이 아닌가 싶었거든.

평소에도 난 경험이 중요하다는 이야기를 많이 했어. 교사로 살아가며, 수많은 수업을 해오며 경험이 중요하다는 것을 느끼고 있었으니까. 특히 아이들에게 경험은 선생님의 설명과는 다른 차원의 배움을 얻게 하지. 하지만 마음 한편에선 설명만으로도 경험과 같은 것을 얻을 수 있다는 생각도 했었어. 그런데 영화 속 대사 한 줄이 이런 내 생각을 돌아볼 수 있게 했어. 경험의 중요성에 대한 내 생각 말이야.

사실 얼마 전, 욕실에 걸어두고 사용하던 비누를 보며 경험에 대해 생각했어. 좋은 비누를 오래 사용하고 싶어서 망에 넣고 사용해. 비누 거품을 내려면 그냥 손으로 비비면 안 되고, 먼저 물을 살짝 뿌려서 적시지. 그리고 잠깐 뒤에 손으로 비비면 아주 쉽게 거품이 나와. 아마 너도 경험했을 것 같아. 그때 문득 우리가 교실 수업에서 다루는 작은 경험이 가진 의미가 떠올랐어. 그 경험이 비누에 물을 살짝 뿌려주는 행위와 같다는 생각이야. 살짝 뿌려진 물이 비누를 적셔서 많은 거품을 내게 하는 것처럼, 수업에서의 작은 경험도 아이의 삶에 더 큰 의미를 일으키는 마중물이 될 수 있다고 말이야.

크고 강렬한 경험이 아니더라도 수업에서의 작은 경험들은 중요해. 비누를 사용하기 전 약간의 물을 적시고 잠시 기다려야만 큰 거품이 일어나는 것처럼, 우리의 배움도 교실을 넘어 삶으로 확장되고 실천되겠지. 그래서 수업을 디자인할 때면 아이에게 어떤 경험을 하게 하면 좋을지 먼저 고민하는 것이 습관처럼 되었어. 넌 어때? 경험에 대한 네 생각도 듣고 싶다.

비누 거품을 만들다 문득 깨달은 경원이가.

#비누 오래 사용하는 방법

#작은 경험의 효과는?

#설명하기와 경험하기의 차이

단 한번의
적셔짐이 풍성한 거품을 만든다.
단 한번의
경험이 풍성한 삶을
만들수 있다―.

15
간결함이 중요해

미니멀리즘에 대해 들어봤어? 꼭 필요한 것만 남기고 나머지는 정리하는 것이 중요하다고 말하는 생활 원칙이지. 사실 난 미니멀리즘과는 거리가 먼 사람이야. 어릴 때부터 물건을 오랫동안 사용하기도 했고, 당장 사용하지 않아도 다 보관하고 싶어서 가지고 다녔어. 물론 그게 좋은 점도 있었지. 나는 중학교 때 처음 사용했던 우리나라 초창기의 퍼스널 컴퓨터(1987년도 모델)도 가지고 있고, 물건을 오래 사용하면서 절약하는 습관도 생겼지. 그렇다고 모든 것을 다 가지고 살 순 없잖아? 그래서 눈물을 머금고 버릴 수밖에 없었던 물건들도 많았어.

난 미니멀리즘과는 거리가 먼 사람이 틀림없지만 그렇다고 해서 미니멀리즘을 멀리하고 싶지도 않아. 오히려 가능하면 미니멀리즘에 가깝게 살고 싶어. 왜냐고?

　수업을 준비하다 보면 딜레마에 빠질 때가 있어. 어떤 내용을 다루든 그 내용과 관련된 내용이나 개념이 존재하는데, 그중 어떤 것을 이번 시간에 다룰지 같은 것 때문이야. 지금 배워야 할 내용을 제대로 이해하기 위해서는 선개념처럼 알아야 할 것도 있고, 지금 배운 내용이 앞으로 어떻게 적용될지에 대한 후개념도 필요해 보이는 거지. 그런데 우리의 시간은 제한되어 있고…. 이럴 때 어떤 선택을 해야 할까?

　교사가 된 후 오랫동안 착각했던 것이 있어. 아이들에게 내가 알고 있는 모든 것을 알려주는 것이 내가 해야 할 최선의 선택이라는 생각이었어. 그래서 수업에 필요한 자료를 잔뜩 조사하고 정리해서 수업 시간에 풀어냈어. 그렇게 하면 그것이 아이들에게 전달될 거라고 믿었던 거야. 하지만 그런 식의 수업 준비와 실행은 교사 자신의 만족을 위한 것이라는 사실을 깨달았어. 난 이렇게 성실하게 준비했고, 준비한 내용을 충분히 전달했으니 내가 할 일은 다 했다는 자기만족 말이야.

　물론 교사의 성실한 태도는 중요해. 수업을 준비하며 다양한 연관 자료를 조사하고 정리하는 것은 수업의 핵심을 제대로 가르치는 데 필요하니까. 하지만 학생의 입장은 반영되지 않은 수업 준비일 뿐이야. 많은 내용이 쏟아지면 배우는 입장에서는 오히려 무엇이 핵심인지 파악하기 더 힘들 테니 말이야.

그래서 수업에도 미니멀리즘의 정신이 필요해. 필요한 것만 남기고 나머지를 정리하는 마음 말이야. 내 개인적인 성향상 미니멀리즘은 쉽지 않아. 하지만 교사이기에, 아이들 입장에서 실천하기 위해 노력할 거야. 우리, 함께 해보지 않을래?

수업에 욕심을 부리다 문득 깨달은 경원이가.

#미니멀리즘

#교사 입장의 수업과 학생 입장의 수업

#수업과 미니멀리즘

16
교사의 길과 수업

교사로 살아간다는 것에 대해 어떤 말로 시작하면 좋을까? 지금 나에게 교사로 살아가는 일은 무척 고마운 일이고 좋은 일이야. 매일 모니터 앞에서 다양한 공문도 살펴야 하고, 다양한 교재와 자료를 검토하고 그것에서 수업을 만들어내는 과정이 힘겨울 때도 있지만, 그래도 세상을 위해 좋은 일을 한다는 생각이 크지. 그래서 후배들에게 교사라는 직업을 잘 선택하였노라고 진심으로 말해주고 있어.

그런데 처음부터 이런 생각을 가지고 지냈던 것은 아니야. 처음 교사가 되어 학교에 출근할 때 어머님이 하셨던 말씀이 떠올라.

"경원아, 네가 선생님이 되어 너무 좋구나. 이제 선생님이 되었으니 안정적인 삶을 살게 될 거야. 큰돈을 벌 수 있는 직업은 아니겠지만 안정적으로 편안하게 살아가면 좋겠다."라고 하셨지. 그땐 그 말이 어떤 의미인지도 몰랐어. 그런데 현실은 어땠을까?

다른 교사들은 어땠는지 모르겠어. 하지만 난 처음 시작한 교사의 길이 너무 힘들었어. 울퉁불퉁한 비포장도로 위에 서 있는 느낌이랄까? 수업은 둘째치고, 해야 할 다양한 업무들이 나를 조여왔지. 수업보다 더 많이. 그렇게 시작한 교사의 길은 어머님이 말씀하시던 평탄하고 안정적인 길이란 생각이 들지 않았어.

교사로 지내는 몇 년간, 교사는 수업에 특화된 사람이라는 생각보다는 업무를 잘해야 인정받는다는 사실을 실감했지. 수업은 그저 기본이고 수업 외의 업무 말이야. 주변에서 능력 있다고 인정받는 교사들은 모두 그런 업무를 무척 잘했고, 열심히 했어. 그래서 '나도 이런 식으로 살아야 하나?'라는 생각을 했던 것 같아. 그렇게라도 인정받아야 울퉁불퉁 척박해 보이기만 한 교사의 길을 계속 갈 수 있지 않을까 싶은 마음이 들었거든. 그런데 그때 다행스럽게도 난 수업 속에서 빛나는 것들을 만날 수 있었어.

매일 이어지는 수업은 힘들었지만, 수업을 소홀히 하는 것은 내 양심이 허락하지 않았어. 매번 내가 계획한 대로 수업이 되지는 않았어도 항상 열심히 준비했어. 처음엔 지금 내가 무슨 이야기를 아이들 앞에서 하는지도 모를 정도로 나를 돌아보지 못했지. 그런데 그런 노력이 조금씩 나를 객관적으로 볼 수 있는 힘을 주기 시작했어. 그리고 내가 수업에서 사용하는 말, 작은 행동까지도 수업의 중요한 부분이라는 걸 깨닫기 시작하니, 점차 아이들의 반응이 보이기 시작했어.

수업 시간 아이들의 반응은 그냥 '빛' 그 자체 같았어. 아무런 사심 없이 자신이 생각한 것을 그냥 그대로 표현하는 아이들 말이지. 그 순수함이 너무 찬란해서 앞에 선 내 모습이 부끄러울 때도 많았지만, 그 빛나는 순수함이 좋았어. 그리고 그런 빛 덩어리가 내가 걷는 울퉁불퉁한 길 곳곳에 떨어져 있는 걸 뒤늦게야 발견했어. 그 덕분에 난 앞으로 나아갈 수 있었지. 그 빛 덩어리를 길잡이 삼아, 업무나 다른 일에 에너지를 쏟는 것이 아니라 수업에 몰입하면서 말이야.

어때? 너도 수업 속에서 빛나는 덩어리를 만나고 있을까? 궁금하네.

아이들과 수업하다 기분이 좋아진 경원이가.

#교사의 길

#수업과 업무

#교사의 길은 어떤 모습일까?

17
학자와 교사

　새로운 교육과정이 발표되고 교육청에서 새로운 수업 방법을 안내하는 연수를 들으니, 여러 가지 생각이 드네. 사실 새로운 방법을 배운다는 느낌보다는 수업을 어떤 시선으로 바라봐야 하는지를 알려주는 연수 같다고 해야 할까? 그런데 들려주는 이야기들이 추상적이고 모호해서 마음에 딱 와닿지 않았어. 그래서 연수 시간 동안 앉아 있는 것이 힘들었어. 넌 오늘 어땠니?

　보통 새로운 교육 방법이나 교육적 관점을 설명할 때면 먼저 그 분야를 연구한 학자가 나와서 설명하지. 교수의 강의를 듣거나 관련 분야의 박사가 된 현직 교사가 설명해. 분명 의미 있고 좋은 내용인 것 같지만, 실제 현장에서 바로 사용이 가능할까 하는 생각이 들 때도 많아. 그래서 연수나 강의를 열심히 찾아서 들어도, 내 수업이 쉽게 바뀌지는 않아. 난 그 이유가 학자가 바라보는 수업과 현장 교사가 바라보는 수업, 그러니까 관점이 달라서라고 생각해. 서로 다른 곳을 바라보고 있으니 서로를 이해하기도, 적용하기도 쉽지 않다는 의미지.

먼저, 학자가 가진 관점은 이론과 디테일을 중심에 두고 수업을 바라보는 거야. 수업의 내용과 절차, 그리고 실행까지가 이론적으로 잘 연결되어야 하는 것이 학자들이 바라는 수업이지. 수업 비평이나 수업 분석 도구는 이런 이론들을 바탕으로 만들어지거든.

그에 비해 현장 교사가 가진 관점은 이론과 디테일보다는 관계 중심으로 수업을 보는 거야. 어떤 수업을 하더라도 그 내용과 관련된 아이들의 현재 상황을 고려하고 진행해. 평소 아이들의 모습을 잘 알고 관계를 맺어놓은 상태이기에 가능한 수업이지. 그래서 교사와 아이들의 관계가 어떠한지는 수업과 매우 깊이 연결되어 있어.

이론과 디테일의 관점으로 수업을 보면 현장 교사의 수업이 부족해 보일 거야. 이론에 기반한 적절한 수업의 단계나 절차가 있는데도 현장 교사들이 크게 신경 쓰지 않는 것 같을 테니 말이야. 반대로 관계 중심으로 수업을 진행하는 선생님에겐 이론과 디테일을 중심으로 하는 수업 디자인이 불필요해 보이겠지. 지금 우리 반 아이들의 모습과 상태를 보면, 이론에서 제시하는 절차보다는 다른 방법이 더 효과적이라고 판단하는 경우가 더 많으니까. 이 문제를 어떻게 해결할까?

　현장 교사라면 당연히 관계 중심의 수업에 집중해야 해. 하지만 동시에 다양한 연수에 관심을 가지고 참여하면서 이론과 디테일 중심의 수업도 계속 접하는 것이 필요하지. 쉽지는 않아. 하지만 우리의 수업이 지금 나와 함께하는 아이들에게 도움이 된다는 걸 생각한다면 조금만 더 힘을 내면 좋겠어.
　우리, 같이 힘내보자.

연수를 들으며 이 생각 저 생각 중인 경원이가.

#학자와 교사

#수업을 바라보는 시선의 차이

#관계 중심의 수업은 무엇일까?

18
계획보다 실천이 중요해

넌 철저하게 계획하고 나서 그 다음에 실행하는 것을 좋아하니?

물론 우리가 무엇인가를 하려면 계획을 세우고 하는 것이 좋지. 그런데 계획을 세세하게 짜는 사람도 있지만, 그렇지 않은 사람도 있으니까 물어보는 거야. 나는 계획을 세우긴 하지만 아주 세세히 세우진 않아. 쉽게 말해서 계획에 너무 힘을 쏟지 않는다는 말이야. 왜냐고?

실제로 우리가 수업할 때를 생각해 보았어. 넌 어땠어? 지금까지의 수업이 계획한 대로 진행되었니? 아니면 계획과는 다른 방향으로 진행된 경우가 더 많았니? 난 후자의 경우가 더 많았어. 다양한 이유가 있겠지만 계획은 계획일 뿐, 실제 상황에 맞춰가는 것이 중요하다고 여기기 때문이지. 그래서 계획에 큰 에너지를 쏟아붓고 완벽해 보이는 계획서를 작성하는 것에는 다소 회의적이야.

사실 이런 경향을 가지게 된 계기가 있었어. 난 아주 오래전부터 생태교사 모임 활동을 해왔어. 생태교사 모임에서는 아이와 함께하는 생태활동도 많이 해. 나도 지도교사로 여러 차례 참여했었고. 이런 생태활동을 하기 전에는 반드시 답사를 가서 살펴봐. 안전 문제와 이동 경로를 미리 살피는 것은 중요하니까. 그런데 문제는 하루가 다르게 자연이 달라진다는 점이야. 답사 땐 분명히 있었던 식물이 생태활동 당일엔 없는 경우도 많고, 생태활동 중에 볼 수 있는 동물들도 마찬가지였어. 답사 때 볼 수 있었던 동물을 다시 볼 수 있다는 보장이 없으니까 말이야. 어때? 계획대로 되지 않았겠지? 오히려 생태활동 당일 주어진 자연의 상태에 집중하는 것이 중요했지. 그래서 전체적인 안전과 기초적인 것 중심으로만 계획을 간단히 세우고, 실천에 에너지를 쏟았어.

난 수업도 마찬가지라 생각해. 학년 초, 수업 계획을 세세하게 세우고 학년을 시작하는 것을 좋아하는 교사도 있지만, 난 그렇게 세운 계획이 그대로 진행되지 못할 것 같은 마음이 들어. 그래서 조금은 느슨하게 계획을 세우면 좋겠다고 말해. 느슨하게 계획을 세운다는 것은 가장 중요하게 생각해야 할 부분과 반드시 해야 할 수업을 중심으로만 계획한다는 의미야. 기준을 잘 잡는 것이 중요하다는 의미지. 그리고 계획을 자세히 세우는 데 사용할 에너지를 잘 가지고 있다가, 실제 수업에서 사용해.

어때? 이런 생각은 성향의 차이일 뿐일까? 아무튼 한번 생각해 보면 좋겠어.

바쁜 학년 준비 기간에 경원이가.

#계획하기

#실천하기

#어디에 에너지를 더 써야 할까?

짧고 선명한 계획과
풍성하고 긴
호흡의 실행!

19
생각 저장고 활용과 수업 성장

오늘은 옛이야기를 먼저 하고 싶어. 1970년대에 태어난 내 또래의 사람들은 특별한 경험을 하며 살고 있다고 생각해. 지금은 너무 흔하디흔한 컴퓨터와 인터넷의 시작을 최초로 경험했으니까. 물론 모든 사람이 같은 경험을 하며 살 수는 없을 거야. 하지만 난 운 좋게도 이런 시대의 변화를 눈으로 보기도 하고, 실제로 경험하며 살아왔어. 그래서일까? 다양한 변화에 크게 당황하지 않고 잘 따라가는 삶의 모습이 만들어진 것 같아.

중학교 2학년(1986년도) 때였어. 학교에 새로 생긴 컴퓨터부에 가입하면서 난 처음으로 컴퓨터와 인연을 맺게 되었지. 당시의 컴퓨터는 지금의 컴퓨터와는 완전히 달랐어. 당연하게도 인터넷 같은 네트워크는 없었고 그저 컴퓨터 본체와 모니터, 외부 저장장치로 이뤄진 기계였지. 그래도 처음 컴퓨터 키보드를 만질 때의 그 짜릿했던 기억은 지금도 내 손끝에 남아 있어. 그만큼 특별한 경험이었지.

인터넷과의 만남은 내가 다니던 대학교 연구소에 신청서를 작성하고 사용했던 게 처음이었어. 그때는 한글로 된 웹페이지가 없어서 인터넷을 처음 경험해 본 사람들은 모두 영어로 된 웹페이지를 검색해야 했어. 나는 그 당시에 주 관심사였던 '마이클 조던'을 검색어로 넣었던 기억이 나. 그렇게 검색어를 넣고서 한 20분을 기다리니 천천히 마이클 조던의 얼굴 사진이 화면에 떴지. 이미지 한 장을 보려고 20분을 기다리던 시대. 어때, 상상하기 어렵지?

어느새 시대는 상상할 수 없을 만큼 빠르게 변화하고 있어. 컴퓨터와 인터넷은 이제 우리 일상을 지배하듯이 깊숙이 들어와 있지. 컴퓨터와 인터넷의 시작이 특별하게 여겨졌던 기억조차 잊어버릴 만큼 다양하고 놀라운 기술들이 매일 쏟아져. 특히 최근의 기술 중 나한테 가장 큰 영향을 주는 건 클라우드 서비스야. 클라우드 서비스는 네트워크로 연결된 웹상의 저장장치에 나만의 공간을 가지고 사용하는 것을 말해. 그래서 어디서든 인터넷만 연결되면 쉽게 필요한 자료를 받을 수 있지. 난 그래서 클라우드 서비스를 내 '생각 저장고'로 활용 중이야.

교사는 여러 학년을 넘나들며 다양한 수업을 진행하는 사람이지. 계속 똑같은 것을 수행할 수는 없기에 계속 새로운 것을 받아들이고, 때로는 기존의 것을 새롭게 활용해야 해. 그런데 문제는 인간의 기억엔 한계가 있다는 거야. 그동안에는 기억을 대체할 수단이 마땅치 않았어. 하지만 이젠 클라우드 서비스가 그 역할을 해주는 시대가 되었지. 마치 몸 밖에 내 뇌를 하나 둔 느낌이 들어. 내 생각이 들어간 글과 그림 등을 계속 모을 수 있고, 언제든 꺼내 볼 수 있으니까 말이야. 당연히 수업을 준비할 때 많은 도움이 되지.

이제는 우리 몸을 넘어 다른 곳에도 생각 저장고를 둘 수 있게 되었어. 나만의 수업을 만드는 데는 클라우드 서비스가 큰 도움이 될 거야. 어때? 우리 함께 사용해 보자!

3월 이른 봄 경원이가.

#시대의 변화와 수업 성장법

#클라우드 서비스

#내 생각 저장고가 외부에 있다면?

20
수업의 탄생

오늘 수업은 어땠어? 처음 교사가 되었을 땐 수업만 잘하면 된다고 생각했는데, 언제나 쉽지 않은 것이 수업인 것 같아.

사실 수업을 이야기할 때면 지금 맡고 있는 반과 아이들 이야기가 주가 되지. 물론 겉으로만 보면 수업은 교사가 반 학생들과 함께 진행하는 행위로만 보여. 하지만 26년이 넘게 수업을 하면서 알게 된 내 경험은 다른 이야기를 해. 수업은 교사와 학생만으로 이뤄지고, 교실에서 끝나는 것이 아니라고 말이야.

교사와 학생이 함께 만들어가는 수업은 그 자체로 뚝 떨어져 존재하는 것이 아니야. 주변의 다양한 것들이 함께 영향을 주고받으며 이뤄지는 것이지. 그래서 수업을 생각할 때에도 우리 반 아이들만 생각하기보다는 좀 더 넓게 시야를 넓혀서 바라보는 것이 필요해. 구체적이고 명확한 것들에 집중해야 한다고 말할 수도 있겠지만, 그렇지 못한 것까지 생각하는 것이 좋아. 교실 안에서 이루어지는 수업만 생각하는 것이 아니라 세상과 함께하는 수업을 생각해야 해. 그래서 수업을 하는 것, 수업을 위해 계획을 세우는 것이 어려운 거겠지.

하지만 꾸준히 자신의 주변을 인식하고, 그것이 수업에 어떤 영향을 미치는지 생각하고 수업을 디자인하는 것은 분명 의미 있는 행위가 될 거야. 교실 안에서 벌어지는 수업의 힘이 내 삶의 주변과 가장자리에도 영향을 줄 수 있도록 말이야. 그렇게 조금씩 수업을 통해 자신의 삶과 주변의 생활을 바꿔가는 거지. 우리, 그런 마음으로 함께 바람을 일으켜보지 않을래? '수업의 바람' 말이야.

부채가 생각나는 뜨끈한 날, 경원이가.

#수업과 부채질

#수업의 영향

#수업과 내 주변 문화와의 관계는?

21
수업 전 이야기 : 경원쌤의 알콩달콩 팁

교사와 〈흑백요리사〉

다양한 재료는 누구나 준비할 수 있지만, 그것을 맛있는 요리로 만드는 것은 누구나 할 수 있는 일은 아닙니다. 그래서 교사와 요리사의 모습이 비슷해 보이는 것 같습니다. 국가 교육과정은 모든 교사에게 주어지지만, 그것을 어떻게 아이들과 나누며 살아갈지 계획하고 실행하는 것은 결국 교사의 몫이니 말이지요. 자신만의 레시피를 가진 요리사처럼, 교사도 자신만의 교수법을 가질 수 있도록 노력해야 합니다.

이동훈 외, 《초등 프로젝트 수업》, 지식프레임, 2018.
최용수 외, 《교사 교육과정, 이게 뭐지?》, 휴먼컬처아리랑, 2019.

이성대 외, 《프로젝트 수업, 교육과정을 만나다》, 행복한미래, 2015.

배움은 마음에서 머리로

배운다는 것이 무엇인지 고민하는 시간은 반드시 필요합니다. 처음부터 쉽게 답을 떠올리기보다는 오랫동안 고민하다 보면 자신만의 해답을 얻을 수 있을 것입니다. 마음에서 머리로 배움이 일어나야 한다는 것이 제 개인적인 생각입니다. 그런 생각이 있었기에 아이들과의 수업에서 '가치'를 중심에 두고 수업을 디자인하고 실행했습니다. 자신만의 수업을 위해서는 배움이란 무엇인지 진지하게 고민하는 일이 더욱 중요합니다. 꼭 실천해 보시기 바랍니다.

하이타니 겐지로, 《상냥한 수업》, 양철북, 2018.
이경원, 《교육과정 콘서트》, 행복한미래, 2014.
안톤 부헤르, 《아이들이 들려주는 행복심리학》, 송안정 옮김, 알마, 2010.

마음이 모여서 수업이

아이들의 마음을 수업에 반영하기 위해 교사는 계속해서 아이들의 문화를 이해하려는 노력을 해야 합니다. 아이들이 즐기는 문화에 관해 관심을 가지고 살펴보는 것도 교사의 일이랍니다. 더불어 세상의 흐름을 놓치지 않기 위해 지속적으로 노력하는 것도 필요합니다. 서점에 가서 어떤 책이 베스트셀러인지 살펴보는 것도 좋은 방법 중 하나입니다.

마음으로 연결된 수업

국가에서 만들어 우리의 교육 방향을 제시하는 것이 국가교육과정이고, 국가교육과정을 기반으로 현장에서 사용될 교재로 만들어지는 것이 교과서입니다. 그래서 교과서는 오랫동안 현장의 주요 도구로 사용되었습니다. 교과서 진도를 따라가는 것이 우리가 해야 할 교육의 주요한 책무처럼 여겨졌습니다. 하지만 시대가 변하며 교과서에 대한 인식도 달라지고 있습니다. 교과서에서 제시한 모든 것을 샅샅이 훑어가는 것이 중요하다기보다는, 교과서의 소스가 된 교육과정이 우리에게 무엇을 원하는지 살펴보는 일이 중요합니다. 그러므로 교사는 지금 당장의 수업만 바라보는 시선을 넘어 낱낱의 수업이 어떻게 연결되며, 수업 시간에 다루는 학습의 요소들이 어떻게 연결되어 있는지 살피는 힘이 필요합니다. 교사로서 무엇을 공부해야 하는지 물어본다면 전 교육과정의 흐름을 읽고 시대의 변화에 맞춰 어떤 수업을 만들어갈지 연구하고 공부해야 한다고 말씀드리고 싶습니다.

정광순 외, 《초등학교 통합교과 교육론-2015 개정 교육과정에 따른》, 학지사, 2019.

같은 색, 다른 색

나만의 수업을 만들기 위해 필요한 것은 사실 단순합니다. 수업을 많이 해보는 것이죠. 교사이기에 수업을 많이 할 수밖에 없지만 나에게 주어진 수업 말고도 스스로 만들어내는 수업도 해봐야 합니다. 예를 들어 방과 후 따로 시간을 내어 동아리를 운영하거나 할 때도 수업처럼 준비하고 진행해 보는 것입니다. 결국 자신이 한 만큼 자신만의 독특한 수업을 만들어낼 확률이 커진다고 생각합니다.

또 하나의 방법은 다양한 수업을 살펴보고 자신에게 맞을 것 같은 수업을 해보는 것입니다. 물론 그냥 따라 하기만 해서는 안 됩니다. 수업을 하기 전과 후에 다시 그 수업을 피드백하며 나에게 맞는 부분과 맞지 않는 부분을 체크합니다. 그리고 똑같은 수업을 다음 해에 다시 도전해 보는 것입니다. 그렇게 하다 보면 어느새 처음 수업과는 다른 나만의 수업이 만들어질 수 있습니다.

아이함께, 《내일 수업 어떻게 하지?》, 살림터, 2015.

서우철 외, 《수업을 살리는 교육과정》, 맘에드림, 2013.

나침반과 지도

학교 다닐 때, 그리고 임용고시를 준비하며 우리는 교육과정을 진지하게 접합니다. 하지만 교육과정을 접하는 방식이 시험 문제를 풀기 위한 것이기에 현장에서의 쓸모를 알기가 어렵습니다. 하지만 분명한 것은 교육과정에 대한 이해는 교과서를 가지고 수업하는 교사에게도 분명 의미 있는 경험을 제공한다는 것입니다. 그러므로 시험을 대비하기 위한 교육과정이 아니라 제대로 가르치고 나아가기 위한 교육과정을 접하는 것이 중요합니다.

PISA의 「21세기 독자」 보고서에는 다음과 같은 내용이 있습니다. 시대가 불안하고 불확실한 이때, 우리에게 필요한 것은 신뢰할 수 있는 나침반이라고 말입니다.

"Globalization and digitalization have connected people, cities, countries and continents in ways that vastly increase our individual and collective potential. But the same forces have also made the world more volatile, more complex, more uncertain and more ambiguous. In this world, education is no longer just about teaching students something but about helping them develop a reliable compass and the tools to navigate ambiguity."

Franklin Bobbitt, 《학교에서 무엇을 가르쳐야 하는가》, 정광순 옮김, 학지사, 2017.

고이지 않아야 자란다

수업을 할수록 내가 어떤 사람인지가 중요해집니다. 경력이 쌓여가는 동안 나라는 사람이 수업에 적용되는 것을 외면하지 않고 살아가는 일은 쉽지 않습니다. 하지만 분명 용기를 내어 도전해 볼 일이라는 생각입니다.

박진환, 《교사, 수업을 살다》, 교육공동체벗, 2020.
조벽, 《조벽 교수의 희망 특강》, 해냄, 2011.

나 그리고 남

나와 남을 넘어 함께하는 마음은 저절로 얻어지는 것은 아닙니다. 의도적으로 노력하고 성찰하려는 마음과 실천이 함께할 때 가능합니다. 자신의 존재 영역을 넓혀가기 위해 다양한 존재들과 소통하는 것을 게을리하지 않았으면 좋겠습니다.

파멜라 메츠, 《배움의 도》, 민들레, 2003.

류시화, 《지금 알고 있는 걸 그때도 알았더라면》, 열림원, 2014.

전체의 힘

게슈탈트(Gestalt) 철학에서 "전체는 부분의 합 이상이다(The whole is greater than the sum of its parts)."라는 말은 핵심적인 개념입니다. 이는 단순히 덧셈의 결과가 아니라, 부분들이 상호작용하고 조직화할 때 나타나는 새로운 특성과 의미를 강조하는 것입니다. 그러므로 조각으로만 놔두지 말고 형태를 만들어보는 것이 중요합니다.

프로젝트형 수업과 배움

배움의 이상향과 실제 배움의 현장은 다를 수밖에 없습니다. 특히 아이들과 함께하는 수업은 기초적인 부분을 채우는 일이 우선이 될 가능성이 높습니다. 아무리 좋은 교육 이론이라 해도 결국 지금 내 앞의 아이들과 나눌 수 있고, 효과적일 때에만 의미가 있다는 것을 생각하면 좋겠습니다.

비상교육 '비바샘' 온라인 자료 "경원샘의 창의융합교실"
최용수 외, 《교사 교육과정, 이게 뭐지?》, 휴먼컬처아리랑, 2019.
안현준 외, 《수업도 여행처럼! 프로젝트 수업 왕초보를 위한 PBL 프로젝트 수업 재미있게 하기》, 광문각출판미디어, 2025.
최무연, 《교육과정 수업 평가, 수업을 디자인하다》, 행복한미래, 2024.

모닝글로리와 수업 불안

내가 맡은 반 아이들과 잘 맞지 않을 땐 몸에 병이 들기도 하는 직업이 교사입니다. 바깥에서 보이는 모습과 다른 속사정이 많은 직업이기도 합니다. 그렇지만 초반의 힘든 시기를 잘 버텨내며 생각을 모아간다면 분명 자신만의 교육과 수업을 구현해 낼 수 있는 직업이기도 합니다.

강남순, 《배움에 관하여》, 동녘, 2017.

눈덩이 효과와 수업 경험

지금의 작은 실천이 큰 실천의 바탕이 될 수 있음을 믿어보시기 바랍니다.

최상길, 《교사의 사계》, 행복한미래, 2023.

설명할 수 없는 경험

수업 시간에 친구들 앞에서 회의를 진행해 보거나, 작은 목소리지만 발표해 보는 경험, 친구들과 함께 모둠활동을 하는 경험, 선생님과 함께 열심히 활동하는 경험 등은 작은 일 같지만 매우 중요한 경험이 됩니다.

김경훈, 《토의토론수업, 배움을 디자인하다》, 행복한미래, 2018.
표혜빈, 《학생참여수업, 수업 생동감을 만나다》, 행복한미래, 2020.

간결함이 중요해

수업 시간에 다루는 개념은 우리 모두 알다시피 수많은 다른 개념과 연결되어 있습니다. 그래서 핵심적으로 다룰 개념을 정하지 않고 수업하는 것은 불가능에 가깝습니다. 이런 상황을 해결하는 방안 중 하나가 교육과정을 기반으로 만들어진 교과서의 존재입니다. 교과서는 각 차시별로 다뤄야 할 핵심을 명확하게 보여주기에, 교과서를 중심에 두고 수업하면 큰 어려움 없이 중심을 잡아가며 수업할 수 있습니다. 하지만 교과서 속 내용에만 집중하는 것은 또 다른 문제를 불러옵니다. 교과서는 분명 정선된 자료이지만 그것만으로 완전하고 충분하지는 않기 때문입니다. 교과서를 내려놓고도 핵심적인 내용을 다루는 것, 그것이 어쩌면 교사의 진짜 능력 중 하나가 아닐까 생각합니다.

교사의 길과 수업

학교는 교육을 담당하는 행정기관입니다. 필수적으로 행정적인 일들이 따라올 수밖에 없는 구조입니다. 그러므로 행정이 필요 없고 교사는 수업만 해야 한다는 말은 현실에서 실현되기가 쉽지 않다는 것을 받아들여야 합니다. 학교의 여건에 따라 행정적인 부분을 더 많이 처리해야 할 수도 있다는 것이지요. 그렇지만 한편으로 교사는 최우선으로 자신의 수업을 가꾸고 성장시켜야 합니다. 행정적인 일 처리가 아무리 많더라도 내 앞의 아이들과 함께하는 일에 최선을 다하는 마음으로 노력한다면 분명 자신의 에너지를 효과적으로 분배할 수 있을 것입니다.

이경원, 《교사의 탄생》, 행복한미래, 2018.
Max van Manen, 《가르친다는 것의 의미》, 정광순 외 옮김, 학지사, 2012.
김동렬, 《교사 20년, 배움을 디자인하다》, 행복한미래, 2019.
최재천, 안희경, 《최재천의 공부》, 김영사, 2022.

학자와 교사

교육과 관련된 이론은 세상에 참 많습니다. 대학을 다니며 다양한 이론을 접하게 되지만, 막상 현장에 나오면 그 이론을 적용하고 있다는 생각이 잘 들지 않는 것도 사실입니다. 결국 이론은 이론으로 남고 현장은 현장으로 남게 되는 것입니다. 하지만 이렇게 분리된 상태로는 앞으로 나아가기가 어려워집니다. 결국 둘 사이의 간격을 좁히기 위해 교사는 스스로 노력해야 하고, 교육청은 적극적으로 지원해야 하겠습니다. 단, 현장의 교사라면 현장의 특징을 살린 관계 중심의 수업에 좀 더 집중하기를 바랍니다.

린 에릭슨 외, 《개념기반 교육과정 및 수업 - 생각하는 교실을 위한》, 학지사, 2019.
비고츠키 교육학 실천연구모임, 《비고츠키 생각과 말 쉽게 읽기》, 살림터, 2013.
존 듀이, 《다시 읽는 민주주의와 교육》, 심성보 옮김, 살림터, 2024.

계획보다 실천이 중요해

계획을 세우는 데 너무 많은 에너지를 쏟으면 실제 활동에서 힘을 내기가 힘들어집니다. 교사들에게 가장 찬란히 빛나야 할 실제 수업 시간을 진행하기도 전에 수업 계획을 세우느라 에너지를 다 쏟지는 않았으면 좋겠습니다. 수업은 실제 상황이 더 중요하니까 말입니다.

정재승, 《열두 발자국》, 어크로스, 2023.

생각 저장고 활용과 수업 성장

기술의 발전은 우리에게 편리함을 줍니다. 하지만 기술에 대해 알아야만 그 기술을 내 것으로 사용할 수 있습니다. 새로운 기술과 변화에 항상 열린 마음으로 다가가길 바랍니다.

김재인, 《인간은 아직 좌절하지 마》, 우리학교, 2024.

수업의 탄생

　수업으로 학교의 문화를 바꿔가는 것은 그저 꿈같은 이야기가 아닙니다. 각 교실의 수업이 살아나는 것은 그 자체로 학교의 교육력이 높아지는 것이고, 반대로 학교가 좋은 문화를 가지고 있을 때 각 교실에서의 수업도 발전하는 것을 저는 충분히 경험했습니다. 그러므로 내 교실만 잘하면 된다는 마음을 넘어 더 넓게 볼 수 있는 마음이 중요합니다.

사토 마나부, 《수업이 바뀌면 학교가 바뀐다》, 손우정 옮김, 에듀니티, 2014.

용방초교육공동체, 《세상에 없던 학교》, 니은기역, 2023.

| 에필로그 |

빛나는 삶을 살아가리

아침의 공기는 퇴근할 때의 공기와 다르다. 대기 중의 공기가 아침이라서 다를 리 없다는 사실을 이성적으론 알고 있는데도, 다르다. 20년이 넘는 시간 동안 매일 아침 학교로 출근하면 교실로 직행하지 않고 학교 화단과 운동장을 한 바퀴 걷는다. 하루도 빼먹지 않고 걷는다. 이젠 꼭 그래야 할 것 같은 마음도 사라졌을 만큼 오래되었다. 그저 내가 오늘 치열하게 살아갈 공간을 천천히 둘러보는 것이 좋다. 내가 예상하지 못하는 생명의 변화를 만나는 것이 좋다.

초등학교 교사로 살아가는 것은 특별한 경험과 마주하는 일이다. 처음 교사로 살아갈 땐 전혀 예상하지 못했다. 그저 시끄럽고 어리숙한 존재들을 이끌어야만 한다는 책임감에 짓눌렸을 뿐이다. 무거운 책임에 비해 돌아오는 보상은

크지 않았다. 그래서 아이들 가르치는 일에 너무 힘쓰지 말라고 조언하는 선배들도 있었다. 그런 말이 귀에 솔깃했던 것은 잠시였다. 시끄럽고 예측 불가능하고 엉터리 같은 아이들이 무지하게 사랑스럽게 보이기 시작했다. 내가 이런 느낌을 가지고 있다는 것을 알아챘을 땐 어느새 교사로 살며 몇 년의 시간이 흐른 뒤였다.

'맨날 말썽만 피우는 녀석인데… 그래도 귀여운 구석이 있네.'

어느 순간부터 난 아이들 그 자체를 사랑하기 시작한 것이다. 시끄럽고 엉망진창인 아이들 말이다. 이렇게 이야기하니 초등학교 교사의 특별함이 이상하게 보일지도 모르겠다.

 사실 아이들의 모습 자체를 사랑하게 된 결정적인 계기는 새로운 세상과의 만남이 있었기 때문이다. 그리고 난 매일 아침 학교를 천천히 걸으며 다른 시간 속 공기와는 다른 아침 공기와 함께 그 새로운 세상을 만났다.

 "선생님, 영숙이가 저보고 바보라고 놀렸어요."
 "선생님, 여기 가보셨어요? 저 어제 엄마, 아빠랑 다녀왔는데 너무 맛있었어요."
 "선생님…."
 "선생님……."

 하루 동안 아이들에게 수백 번은 불려야 그날의 일과가 끝나는 것이 초등교사다. 이런 직업에서 아이들에 대한 사랑 없이 어떻게 버틸 수 있을지 상상이 되지 않는다. 나는 다행히 아이들 자체를 받아들이고 살아가기에 망정이지, 그렇지 않다면 너무 힘들었을 것이다. 아니면 그저 교사 흉내만 내며 살았을지도 모르겠다.

 아이들 앞에 선다는 것은 그 자체로 엄청난 일이다. 특히, 아이들의 맑은 눈동자를 직면하는 일은 생각보다 떨리는 일이었다. 맑고 투명해 보이는 눈동자 속 시선은 나의 외피를 뚫고 가장 두텁게 둘러싼 마음의 장벽까지 통과해 버린다. 아이들을 사랑하게 될수록 아이들의 시선은 더 깊이 숨어 있는 나를 찾아왔다. 이런 상황에서 교사는 갈등을 겪는다. 아이들의 눈을 외면하며 지낼지, 아니면 그 눈을 그대로 받아들일지 말이다. 나 또한 그 갈림길에서 무엇을 선택해야 하나 방황했었다.

그때 내게는 새로운 세상인 생태교육과 만났다. 생태교육은 지금도 많은 곳에서 이뤄지는 과정 혹은 활동이다. 그래서 생태교육의 모습도 진행하는 곳의 성격에 따라 다르며, 다양하다. 교사가 된 후 처음 받았던 생태교육은 우리 주변의 동물과 식물에 대한 정보를 전하는 것이 목적처럼 보였다. 다양한 식물을 분류하고 이름을 외우도록 했으니 말이다. 하지만 이런 형태의 생태교육은 나와는 맞지 않았다. 그래서 그 이후엔 별 관심을 두지 않고 지냈다. 교사로 살아가는 길에 대한 선택의 갈림길에서 불안한 마음을 어떻게든 붙잡고는 있었지만, 생태교육은 그런 나에게 어떤 도움도 주지 못했다. 그러다가 마침 학교를 옮겼다. 옮겨간 학교는 이전 학교보다 큰 학교여서 많은 선생님들과 교류하게 되었다. 학교를 옮겼을 당시엔 나도 경력이 5년은 넘은 상태였다. 그래서 다른 교사들을 보는 시선에도 조금은 여유가 생겨 있었다. 그래서일까? 나와 같은 방황을 이미 끝내고 단단한 모습으로 서 있는 선배들이 보였다. 궁금했다. 어떻게 저렇게 당당한 모습으로 마음을 붙잡고 서 있을 수 있는지.

"경원 쌤, 혹시 우리 모임에 나와보지 않을래요? 경원 쌤한테 우리 모임이 도움이 될 것 같아서. 그리고 경원 쌤이 아이들과 지내는 모습이 너무 보기 좋아서 그래."

선배의 제안에 놀랐다기보다는 올 것이 왔다는 생각이 들었다. 평소 선배의 모습을 보며 멋지다고 생각했고, 그 이유를 궁금해하던 차였다. 하지만 그 제안을 쉽게 수락하지는 못했다. 자신이 없었다. 무엇인가에 소속되어 지낸다는 사실이 부담스러웠다.

사실 난 혼자 있는 것을 좋아한다. 다른 이들과 뭔가를 함께 하는 것은 힘을 많이 써야 하는 일이다. 고민하고 있는 내게 선배는 가볍게 생태연수나 신청해 같이 가자고 했고, 난 기쁘게 참여했다. 가벼운 마음으로. 그렇게 생태교육에 발을 들여놓았다.

그제야, 그동안 학교 밖의 세상에 대한 나의 이해가 어땠는지를 여실히 알게 되었다. 인간의 시선으로만 보던 세상과 인간을 넘어 모든 존재가 함께 어울려 살아가는 세상은 분명 달랐다. 책 속에서 보던 식물과 동물들, 생태적인 정보를 중요하게 다루던 예전의 생태연수에선 느낄 수 없었던 감정과 생각이 몸을 휘감았다. 깊은 숲속에 쪼그려 앉아 작은 풀꽃을 관찰하는 선배들의 모습을 따라 했고, 하늘 높이 날아가는 새들에게 인사하는 선배들을 따라 했다. 고배율의 스코프를 통해 마주한 새들의 얼굴과 생김새는 사진으론 설명할 수 없는 느낌을 주었다. 어느새 나 또한 자연 속에서 마주치는 다른 존재들과 같음을 깨닫게 되었다. 그리고 이런 깨달음은 나를 이전과는 다른 교사로 바꿔가고 있었다.

"선생님, 여기 잡초가 많아요."

"음… 그런데 잡초는 정말 필요 없는 풀일까?"

"잡초는… 그냥 뽑아서 버려야 하지 않나요?"

처음엔 변화한 내 모습을 나 스스로 감당하기 어렵기도 했다. 내가 느끼고 생각한 것을 아이들과 나누고 싶었지만 그것도 쉽지 않았다. 인간의 말로는 온전히 설명하기 어려웠다. 내가 진심으로 느끼고 생각한 것도 온전히 아이들에게 전달하지 못하는데, 하물며 누군가 가르치라고 만들어놓은 교과와 내용을 온전히 가르친다는 것이 무슨 의미인지 생각했다. 오히려 가르친다는 말에 담긴, 상대방을 대상화하는 듯한 의미가 불편해지기 시작했다.

'내가 뭐라고….'

생태교육을 만나 잠시 중심을 잡는 듯하다 다시 휘청거렸다. 가르친다는 것에 대한 본질적인 의문을 어떻게 해결해 나갈 수 있을지 막막했다. 처음 시작되었던 방황이 이젠 태풍이 되어, 교직에서 떠나야 하는 건 아닌지 고민하기도 했다. 그러다 문득 떠올렸다. 나에게 생태교육을 안내한 선배들의 모습을. 그저 먼저 쭈그려 앉아 작은 풀꽃에 코를 가져다 대고, 먼저 새들에게 인사하던 모습을. 특별히 그것에 대해 자세히 설명하기보다는 그저 보여주었던 선배들의 모습을 말이다. 아이들에게 내가 느끼고 생각한 것을 전하고 싶다면 나 또한 그래야 한다는 생각에 마음이 뛰었다. 그리고 다음 날 아침 출근하며 그 마음을 바로 학교 화단과 운동장에 풀어놓았다.

그렇게 나는 아침마다 학교를 나들이하는 교사가 되어갔다. 아이들도 자연스럽게 선생님의 행동을 따라 하기 시작했다. 작은 풀들과 인사하고 새들의 지저귐을 노래처럼 들었다. 비가 오면 빗방울이 만든 작품을 함께 감상했다. 그렇게 나도 안정을 찾아갔다. 교사로 살아가는 것의 의미를 깊이 새기며.

날마다 걸으니 계절에 따른 변화를 자연스럽게 접하게 된다. 그중에서도 특히 봄을 좋아한다. 봄이면 겨울 동안 얼어 있던 갈라진 땅 위로 생명들이 올라오는 모습을 볼 수 있기 때문이다. 봄이면 나무들에도 새싹이 돋는데, 멀리서 보면 꼭 작은 전등이 켜져 있는 것 같은 착각이 들기도 한다. 새롭게 올라온 생명들은 모두 빛나는 존재다. 내가 만나는 아이들처럼.

말썽꾸러기 아이들을 사랑하게 된 것도 어쩌면 아이들이 가진 빛에 이끌린 것이 아닌가 싶다. 아이들의 마음은 그 자체로 빛나는 듯 보였다. 그 빛이 눈빛을 통해 나의 가장 깊은 곳까지 다가왔다. 그리고 그 빛이 나의 어둠까지 밝히고 지워준다. 그래서 교사라는 직업이 참 좋다. 세상 어느 누가 나에게 아무런 대가도 없이 빛이 되어줄 것인가.

그러니 교사는 빛을 받아 스스로 빛을 내는 존재가 되어야 한다. 그것이 아이들에게 무상으로 받은 빛에 대한 나의 책무라는 생각이 든다. 하지만 어떻게 해야 아이들처럼 빛을 낼지는 모르겠다.

아침 나들이를 하다 마음 가는 곳에 다다르면 사진을 찍는다. 사진 속 생명의 모습을 오래 기억하고 싶어서다. 자주 찍는 사진 중 하나는 아침 해를 등지고 빛이 투과해 옅은 초록색으로 빛나는 작고 여린 잎사귀다. 실제로 잎이 스스로 빛을 내진 못한다. 또 성숙한 잎은 빛이 투과하지 않아서 빛을 반사할 뿐이다. 하지만 어린 잎은 태양의 빛을 밀어내지 않고 그 상태로 통과시킨다. 그렇게 빛을 만든다. 자신만의 빛을.

빛이 통과해 자신의 연한 빛을 만든 어린잎 사진을 찍다가 멍하니 앉아 있었다. 그동안, 그렇게 오랫동안 수없이 많은 사진을 찍었는데, 이제야 그 의미를 알게 된 것 같았다. 지금까지 빛을 낸다는 것은 나 스스로 빛나야 하는 일이라고만 생각했다. 그래서 쉽게 빛을 내기 어려운 내 한계만 탓하고 있었다. 하지만 빛을 낸다는 것이 자기 안에서 생겨 나오는 빛만을 의미하는 건 아니다. 절대적인 진리를 가진 존재의 의미를 받아들이고 그 의미대로 살아가는 일이 내가 할 수 있는 빛을 내는 길이다. 내가 바라보는 진리와 똑같진 않겠지만, 그 진리로부터 나를 돌아보고 통과하여 나의 색이 입혀진 빛 말이다.

오늘도 내가 만나야 할 아이들 속으로 들어간다. 아침 나들이를 하며 하루의 아침 공기를 폐부 깊숙이 새기고 말이다. 그렇게 하루를 시작하며 오늘도 다짐한다. 아이들이 내는 빛을 온전히 받아들이고 통과시켜, 나 또한 빛을 내며 살아가겠다고.

이경원

#빛

#진리를 향해 가기

#교사의 모습

| 추천사 |

수업하면서 나는 조금 더 좋은 사람이 되었네

학교가 생긴 이후 학교에서 수업하는 교사는 늘 있었습니다.

이렇게 우리의 삶 자체가 수업인데, '수업의 탄생'이라는 제목을 보면서 처음에는 잠시 의아했지요. 가방 한편에 이 책을 넣고는 지난 2주 동안 카페에서, 교정 벤치에서, 계단 오르기 운동을 하면서 짬이 나는 대로 한 장씩 읽었습니다.

여기에서 저는,

수업 속으로 걸어 들어가는 교사 이경원을 보았습니다.

수업 속에서 교사 이경원이 선생님이 되는 것도 보았습니다.

그리고 수업에서 걸어 나오는 사람 이경원을 만날 수 있었습니다.

"이 책의 주인공은 그림입니다."(p. 14)

경원 선생님이 그린 그림이지만, 이 그림을 온전히 경원 선생님만 소유하지 않겠다는 메시지를 이렇게 떡 하니 써 놓았더군요. 그러나 그림은 너무 열려있어서 혹 전하고 싶은 메시지가 사라질까 봐 약간 걱정도 했나 봐요. 그래서 편지도 썼더군요. 그래서 이 책에는 수업, 수업-학생, 수업-학생-교사, 수업-학생-교사-교육이 켜켜이 겹쳐 보였습니다. 말로 다할 수 없는 것, 글로 다 쓸 수 없는 그 무언가를 어슴푸레하게 담고 있는 느낌이었습니다. 나는 이 책을 읽는 내내 모든 교사가 묵언의 공간인 마음 깊은 곳에 담아두고 있는 것들을 꺼내보려고 애쓰는 모습들도 떠 올랐습니다.

특히 교사로 교육받은 당신에게, 이미 교사인, 혹은 한때 교사였던 당신에게 이 책은 당신이 수업으로 어떻게 살아왔고, 살고 있는지, 그리고 그 수업을 어떻게 바꾸고, 그래서 어떤 사람이 되고 있는지 '나도 한 번 생각해 보아야겠다'라는 그런 욕구를 불러낼 것입니다.

교사로 살 세월보다 교사로 산 시간이 넘어설 즈음에 한 번쯤 이런 생각을 할 수 있으면 참 좋겠습니다.

"수업하면서 나는 조금 더 좋은 사람이 되었네."

정광순_ 한국교원대학교 초등교육과 교수

| 추천사 |

삶에서 가장 최우선이었던 수업의 길을 공유한 선생님

'내가 뭐라고….'

저도 교직에 있으면서 시시때때로 든 생각인데 이경원 수석 선생님도 그랬네요. 가르친다는 일은 하고 싶고말고 보다 내가 해도 되는가에 더 휘청거려지더군요. 선생님께서 그저 보여준 선배들의 모습에서 나아갈 길을 찾은 것처럼, 선생님의 따스한 글은 실천한 일들을 보여주는 이야기들로 살포시 그려놓으셨으니, 내가 해도 되는 이유와 내가 할 수 있는 길을 찾게 되길 기대합니다.

살아 보니, 인생길은 누군가의 이끎에 의해 따라가며 만들어지기도 하고, 때로는 이끄는 길잡이가 되거나 동행하며 길을 만들어 나가기도 하더라고요. 선생님의 나침반 같은 이야기로 아이와 수업을 사랑하며 행복한 인생길을 걷는 선생님들이 되길 소망합니다. 그리고 그 길에서 또 다른 들려줄 이야기가 만들어지길 바라고요.

삶에서 가장 최우선이었던 수업의 길을 공유한 선생님에게 감사와 존경을 표합니다.

최혜경_ 전) 남대구초등학교 수석교사

| 추천사 |

한 컷의 교육 만평 같은 그림,
아이들과 하는 긴 호흡의 수업 이야기

교사들은 매일 수업을 합니다. 하지만 수업은 뚜렷한 형체가 있는 것도, 명확한 지침이 있는 것도 아닙니다. 그러다 보니 선생님들마다 자기만의 수업 전략이 있습니다.

이경원 선생님의 수업과 강의에는 늘 그림이 있었습니다.

한 컷의 교육 만평 같은 그림, 아이들과 하는 긴 호흡의 주제 수업을 시작할 때나, 동료 선생님들과 수업 이야기할 때도, 그 한 컷의 그림은 수업과 이야기를 이어주는 강한 접착제가 되어서 또 다른 수업 철학이 되었습니다.

자기만의 수업 전략에 깊은 철학을 담고 싶은 선생님들께 이 책을 권하고 싶습니다. 분명히 어제와 다른 모습으로 아이들의 만날 수 있을 겁니다.

김원자_ 강동초등학교 교장